LEVEL

MW01204111

HSK
Coursebook

HSK
规范教程

by Wang Xun

王珝 编著

华语教学出版社
SINOLINGUA

First Edition   2015

ISBN 978-7-5138-0804-0
Copyright 2015 by Sinolingua Co., Ltd
Published by Sinolingua Co., Ltd
24 Baiwanzhuang Road, Beijing 100037, China
Tel: (86)10-68320585, 68997826
Fax: (86)10-68997826, 68326333
http://www.sinolingua.com.cn
E-mail: hyjx@sinolingua.com.cn
Facebook: www.facebook.com/sinolingua
Printed by Beijing Jinghua Hucais Printing Co., Ltd

Printed in the People's Republic of China

Preface

Throughout the years of teaching Chinese to non-native learners, we have tried our best to find a way to enable students to spend less time improving their Chinese verbal communication abilities so as to help them to quickly adjust to their lives in China.

After having created a 400-hour course with 40 situational dialogues containing 1000 characters, we have set up the *You Can Speak Chinese* (YCSC) Language Center (www.youcanspeakchinese.cn). Eight years on, we have kept trying to find an even better way to help students, and now we finished compiling this series of books. We believe it will be a useful tool for those who are teaching or learning Chinese.

This series contains six levels. There is one book for levels 1—4, while level 5 is covered by two books and level 6 is covered by three books. The series is compiled based on the vocabulary of the HSK. All question types from the HSK are included in the exercises provided in the books. As well, the examination paper at the end of each level is an HSK mock test. Therefore, by focusing on communicative abilities, the series also prepares learners to take the HSK through such exercises and mock tests.

The YCSC teaching method provides basic language skills which are both useful and practical. The suggested teaching plan for each lesson (1 class hour) in level 1 has been provided at the end of the book. The suggested teaching plans for each lesson in levels 2—6 follow a similar teaching method as outlined in level 1. This series of books requires around 1000 teaching hours:

Level	Hours	Level	Hours	Level	Hours
1	40	2	60	3	100
4	150	5	250	6	400

The level 1 and 2 books will foster students' interest in speaking Chinese while simultaneously teaching them to read Chinese characters. The level 3 and 4 books focus on character recognition and reading, and conversational topics. Depending on the interests of the students, character writing may also be taught. The level 5 and 6 books will enhance students' abilities to express their ideas in Chinese. For the level 1-4 books we have provided English explanations of new words, notes on characters and exercise instructions. The level 5 books only contain English explanations for new words, while the level 6 books are only in Chinese.

I would like to thank Professor Zhang Pengpeng, the author of The Most Common Chinese Radicals and Radical Literacy in Chinese for inspiring me to improve my teaching method of Chinese characters through Chinese language sentences. In addition, I would like to thank Callan School London where I learned the "question and answer practice" method, whereby the teacher asks questions twice in rapid succession and pushes the students to answer quickly. In this method, new words must always be included, and the teacher can change or adjust the questions according to the knowledge levels of the class and the students.

We are always grateful for any of your suggestions and advice. Please send them to youcanspeakchinese@gmail.com.

前　言

在多年的对外汉语教学工作中，我们尽力去寻找一种方法，可以让学生用尽可能少的时间快速掌握尽可能强的汉语应用能力，去适应中国的日常生活。

在创建了400小时口语课程（40个情景对话，1000个汉字认读）的同时，我们建立了玩转汉语（YCSC）中心（www.youcanspeakchinese.cn）；八年之后，我们想尝试找到更有益的学习方法，于是，我们编写了这套教材并进行了教学实践。希望这套教材能对学生有所帮助。

这套教材共有6级，1～4级为单本，5级分上、下册，6级分上、中、下册。教材完全根据HSK考试大纲的词汇编写，1～6级的每课课后练习及5～6级的单元练习包括了HSK考试对应级别的所有题型。每级附一套模拟HSK试题。学生学完对应教材，不但可以掌握口语交际能力，还可以直接参加HSK考试。

"YCSC"教学核心方法是：提供基本、实用、必不可少的语言练习。本套教材的1级书后详细记录了每课时（1小时）的具体教学安排。2～6级的课程安排和1级方法相似。这套书授课时间大约在1000小时，具体分配如下：

级别	小时数	级别	小时数	级别	小时数
1	40	2	60	3	100
4	150	5	250	6	400

1～2级课本会使学生在爱上汉语口语的同时学习汉字认读；3～4级课本的重点是汉字认读和口语话题，如果学生感兴趣，可教他们汉字书写；5～6级课本将提高学生用汉语表达思想的能力。1～4级课本中的词汇释义、汉字讲解、练习标题等部分使用英文标注，5级课本中的英文只用来解释词汇，6级课本为纯汉语环境。

在此，我想感谢张朋朋教授，他编写的《常用汉字部首》和《集中识字》完善了我的"在句子中教汉字"的方法。另外，我还想感谢伦敦的CALLAN英语学校，在那里，我学会了"快速问答"教学法：老师快速提问两遍，带着学生快速回答问题。老师可以根据课堂情景和学生情况调整或改变问句，但一定要包含所练习的生词。

如果您对本书有任何意见和建议，请发邮件到 youcanspeakchinese@gmail.com。我期待着……

目　录

🔍 一、词语

1.	qǔ 娶	（动）	marry (a woman)	娶妻子
2.	gōngxǐ 恭喜	（动）	congratulate	恭喜你考试第一
3.	hūnyīn 婚姻	（名）	marriage	婚姻自由
4.	gūniang 姑娘	（名）	girl	年轻姑娘
5.	máodùn 矛盾	（名/形）	contradiction; contradictory	她们之间有很多矛盾 / 那两个规定很矛盾
6.	zàochéng 造成	（动）	cause	造成坏的影响
7.	chǔlǐ 处理	（动）	deal with	由小王负责处理
8.	hūnlǐ 婚礼	（名）	wedding ceremony	婚礼什么时候举行
9.	chuántǒng 传统	（名/形）	tradition; traditional	文化传统 / 传统艺术
10.	cìjī 刺激	（形/动）	stimulating; stimulate	跳伞很刺激 / 别刺激她
11.	bùzhòu 步骤	（名）	procedure	按照步骤进行
12.	shìxiān 事先	（副）	in advance	事先通知
13.	shěnglüè 省略	（动）	abbreviate	省略不是必须的步骤
14.	guānglín 光临	（动）	be present (of a guest)	欢迎光临
15.	zhǔchí 主持	（动）	preside over	主持婚礼
16.	shèyǐng 摄影	（动）	take a photograph	摄影技术
17.	jiǎnzhí 简直	（副）	virtually	他简直像个孩子
18.	guòfèn 过分	（形）	excessive	话说得很过分
19.	bùdéliǎo 不得了	（形）	extreme	渴得不得了

20.	公寓 _{gōngyù}	（名）	apartment	学生公寓
21.	吵 _{chǎo}	（形/动）	noisy; make noise	那个地方很吵 / 我吵你了吗
22.	老婆 _{lǎopo}	（名）	wife	你有老婆吗
23.	方式 _{fāngshì}	（名）	style	生活方式
24.	针对 _{zhēnduì}	（动）	be directed at; counter	你不要事事针对我
25.	自从 _{zìcóng}	（介）	since (a time)	自从去了学校，孩子很少哭了
26.	炒 _{chǎo}	（动）	stir-fry	炒米饭
27.	酱油 _{jiàngyóu}	（名）	soy sauce	别放酱油
28.	承担 _{chéngdān}	（动）	undertake (a responsibility)	承担法律责任
29.	家务 _{jiāwù}	（名）	household duties	做家务
30.	了不起 _{liǎobuqǐ}	（形）	extraordinary	他真了不起，汉语说得很流利
31.	戒 _{jiè}	（动）	quit	戒酒
32.	酒吧 _{jiǔbā}	（名）	bar	去酒吧喝酒
33.	俱乐部 _{jùlèbù}	（名）	club	足球俱乐部
34.	自由 _{zìyóu}	（名/形）	freedom; free	我有学习的自由 / 我在他家不自由
35.	不要紧 _{bú yàojǐn}		unimportant	这件事不要紧
36.	地道 _{dìdao}	（形）	authentic	这个菜很地道
37.	醋 _{cù}	（名）	vinegar	醋是酸的
38.	哈 _{hā}	（感叹）	ha (sound of laughing)	哈哈，这下可好了
39.	老实 _{lǎoshi}	（形）	true; not smart	老实人
40.	思想 _{sīxiǎng}	（名）	thought	有思想

41.	díquè 的确 （副）	really	现在的生活的确比过去好多了
42.	shídài 时代 （名）	era	信息时代
43.	jìnbù 进步 （动 / 名）	make progress; progress	世界在进步 / 有进步
44.	biǎodá 表达 （动）	express	表达谢意
45.	gèzì 各自 （代）	each	各自回家休息
46.	gǎnshòu 感受 （动 / 名）	sense, feel; perception	感受到压力 / 说说我的几点感受
47.	gōutōng 沟通 （动）	communicate	人与人之间要多沟通
48.	zhēnglùn 争论 （动）	dispute	争论是好事
49.	chǎojià 吵架 （动）	quarrel	最好不要吵架
50.	bàoyuàn 抱怨 （动）	complain	抱怨父母
51.	dúlì 独立 （形）	independent	生活很独立
52.	wàigōng 外公 （名）	(maternal) grandfather	外公是外婆的丈夫
53.	gèxìng 个性 （名）	personality	个性特别
54.	jièzhi 戒指 （名）	ring	结婚戒指
55.	xíngshì 形式 （名）	form	我们不能只在乎形式
56.	lǐlùn 理论 （名 / 动）	theory; dispute	基本理论 / 我要和他理论理论
57.	mǐngǎn 敏感 （形）	sensitive	敏感问题
58.	zàihu 在乎 （动）	care	我不在乎这个工作挣多少钱
59.	hóuzi 猴子 （名）	monkey	猴子在山上
60.	zhū 猪 （名）	pig	猪很能吃
61.	lǎoshǔ 老鼠 （名）	mouse	老鼠怕猫

	lóng			
62.	龙	（名）	dragon	中国龙
63.	yídàn 一旦	（副）	once	一旦你病了
64.	yíbèizi 一辈子	（名）	whole life	我一辈子爱你
65.	jǐnliàng 尽量	（副）	to the greatest extent	尽量好好学中文
66.	líhūn 离婚	（动）	divorce	结婚一年就离婚
67.	tūchū 突出	（形）	outstanding	成绩突出
68.	qínfèn 勤奋	（形）	diligent	勤奋学习
69.	shànliáng 善良	（形）	kind, amiable	善良的人们
70.	xiàoshùn 孝顺	（形）	obedient to one's parents	对父母很孝顺
71.	jià 嫁	（动）	(of a woman) marry	嫁女儿
72.	xìngyùn 幸运	（形）	lucky	生活在今天是很幸运的
73.	zhuīqiú 追求	（动）	pursue	追求自由
74.	zhùfú 祝福	（动）	bless; wish well	祝福大家

补充词语 / 补充词语 / **Supplementary words**

	zhǔchírén			
75.	主持人	（名）	anchor, host	会议主持人
76.	shèyǐngshī 摄影师	（名）	photographer	婚礼摄影师
77.	nào 闹	（形/动）	noisy; make noise; joke	那个地方很闹 / 闹着玩
78.	chīcù 吃醋	（动）	feel jealous	爱吃醋
79.	wàipó 外婆	（名）	(maternal) grandmother	外婆来了
80.	míxìn 迷信	（名/形）	superstition; superstitious	不要相信迷信 / 他很迷信

二、对话

A：听说你娶了一个中国女孩儿，恭喜啊！你们的婚姻生活怎么样？

B：她是一个传统的中国姑娘。结婚后我们的矛盾越来越多，都是文化不同造成的。

A：都有什么矛盾呢？你们是怎么处理的？

B：先从婚礼开始说。我们举办的是中国传统婚礼，对我来说很新鲜，也很刺激，所有的步骤我事先一点都不知道，而且一步也没省略。开始的时候都挺好的，很多亲戚朋友光临，我也很喜欢主持人和摄影师，但是到最后的时候，简直就有些过分了。我已经累得不得了了，大家还要到我房间里去闹。我住的是一个小公寓，邻居们也怕吵。我想让大家不要去了，我老婆就不高兴了。

A：那是中国的传统，是祝贺你们结婚的一种方式。你老婆是担心客人不理解，不是针对你的。

B：再说说吃吧。自从我们结婚，我老婆天天炒菜吃，什么菜都要放酱油，我真的吃不习惯。但是，她承担了几乎所有的家务，这一点很了不起，我就不好意思说什么了。还有，她要求我戒烟，不让我去酒吧、俱乐部，让我觉得没有自由。

A：做菜喜欢放酱油不要紧，说明她是个地道的北方女孩儿。只要不爱吃醋就行，哈哈！说老实话，中国传统思想的确觉得酒吧不是什么好地方，但现在时代不一样了，她的思想也应该进步了。你们要表达出各自的感受，多沟通。其实争论、甚至吵架也是沟通方式，不能害怕，更不能只是抱怨，要找到更好的方法。只有互相理解了，才能越走越近。

B：她很不独立，从小和外公外婆一起长大，现在遇到事情也是先找他们商量。

A：这是个性的问题，不是文化的问题了，哈哈！

B：如果我不戴戒指，她会说我不爱她了。这其实就是个形式，她却说成理论。

A：这也不是文化的问题，多数女孩子都敏感，喜欢被在乎。

B：可能是因为我是猴年出生的，她是猪年出生的，我们才有很多不同。我的朋友和他老婆，一个出生在鼠年，一个出生在龙年，就很好。

A：没想到，你还这么迷信，而且是中国的迷信。那么，你还爱她吗？

B：当然爱了。我们说好了，一旦结婚，就要一辈子在一起，尽量不离婚，这也是中国的传统。其实，她的优点也很突出，勤奋、善良、孝顺……她能嫁给我，我也算很幸运。追求她的时候，也挺不容易的。

A：嗯，我祝福你们！

三、问答练习

你打算什么时候娶你女朋友？
我打算……娶我女朋友。

我们什么时候去小王家恭喜他搬家呢？
我们……去小王家恭喜他搬家吧。

你觉得国际婚姻幸福吗？
我觉得国际婚姻幸福 / 不幸福。

你喜欢北京姑娘吗？
我喜欢 / 不喜欢北京姑娘。

你和你妈妈经常闹矛盾吗？
我和我妈妈经常 / 不经常闹矛盾。

你上次感冒是怎么造成的？
我上次感冒是……造成的。

你打算嫁给你男朋友吗？
我打算 / 不打算嫁给他。

你怎么处理这个问题？
我先……，然后……

你们的婚礼在哪儿举行的？
我们的婚礼在……举行的。

你们国家有哪些传统习惯？
我们国家的传统习惯有……

中式婚礼刺激吗？
我第一次参加中式婚礼，很刺激。

你知道包饺子的步骤吗？
我知道 / 不知道包饺子的步骤。

你事先看今天上课的内容了吗？
我事先看今天上课的内容了 / 没事先看今天
上课的内容。

你知道省略号怎么写吗？
我知道 / 不知道省略号怎么写。

你希望谁会光临你的婚礼呢？
我希望……会光临我的婚礼。

你喜欢主持会议吗？为什么？
我喜欢 / 不喜欢主持会议。因为……

你喜欢摄影吗？
我喜欢 / 不喜欢摄影。

你不觉得你和你妹妹长得简直就像一个
人吗？
我觉得 / 不觉得我们长得就像一个人。

你觉得我让你考过 HSK 五级的要求过分吗？
我觉得你让我考过 HSK 五级的要求过分 / 不
过分。

你外婆知道你要结婚会不会高兴得不得了？
她肯定会高兴得不得了。

你住在哪个公寓？
我住在……公寓。

你住的地方晚上吵吗？
我住的地方晚上很吵 / 不吵。

你老婆是哪国人？
我老婆是……国人。

你的联系方式是什么呢？
我的电话号码是……

你需要我针对你做一个汉语学习计划吗？
我需要 / 不需要一个针对我的汉语学习计划。

自从来中国，你就没见过你妈妈了吧？
自从来中国，我就没见过我妈妈 / 我见过我
妈妈两次。

你喜欢吃西红柿炒鸡蛋吗？
我喜欢 / 不喜欢吃西红柿炒鸡蛋。

你做菜喜欢放酱油吗？
我做菜喜欢 / 不喜欢放酱油。

父母对子女应该承担什么责任？
父母对子女应该承担……的责任。

你做家务还是你爱人做家务？
我 / 我爱人做家务。

你觉得你认识的人谁最了不起？为什么？
我觉得我认识的人……最了不起，因为……

你戒烟了吗？
我戒烟了 / 没戒烟。

你喜欢去酒吧吗？
我喜欢 / 不喜欢去酒吧。

你觉得你的表达能力怎么样？
我觉得我的表达能力很好 / 很差。

你觉得结婚以后的生活是不是就不自由了？
我觉得结婚以后的生活不自由了 / 还很自由。

听说你生病了，不要紧吧？
我的病不要紧 / 很严重。

你觉得哪个菜是地道的北京菜？
我觉得……是地道的北京菜。

你吃饺子喜欢放醋吗？
我吃饺子喜欢 / 不喜欢放醋。

哈哈！你衣服又穿错了吧？
我的衣服又穿错了 / 没穿错。

老实说，你觉得我怎么样？
老实说，我觉得你……

他人很好，你们为什么不能在一起？
我觉得他太老实了。

你觉得自己是个思想简单的人吗？
我觉得自己是 / 不是个思想简单的人。

你认为北京怎么样？
北京的确是个好地方。

你喜欢现在这个时代吗？
我喜欢 / 不喜欢现在这个时代。

时代进步了，你的思想进步了吗？
我的思想没进步 / 也进步了。

说说汉语和你们国家语言各自的语言特点。

……

你离开家来中国的时候是什么感受？

我离开家来中国的时候的感受是……

你常和你妈妈沟通吗？

我常 / 不常和我妈妈沟通。

你喜欢和别人争论吗？为什么？

我喜欢 / 不喜欢和别人争论，因为……

你常常和你爸爸吵架吗？

我常常 / 不常和我爸爸吵架。

你常常抱怨汉语难学吗？

我常常 / 不常 / 从不抱怨汉语难学。

现在的男人是不是越来越喜欢独立的女人？

我觉得现在社会的男人是 / 不是越来越喜欢独立的女人了。

你外婆今年多大了？

我外婆今年……岁。

你觉得他这个人怎么样？

我觉得他很有个性。

这个戒指好看吗？

这个戒指很好看 / 不好看。

你觉得婚礼这个形式重要吗？为什么？

我觉得婚礼这个形式重要 / 不重要，因为……

你觉得理论重要还是生活经验重要？

我觉得理论 / 生活经验重要。

你觉得敏感是个优点吗？

我觉得敏感是 / 不是个优点。

你在乎自己是否长得漂亮吗？为什么？

我很在乎 / 不在乎自己是否长得漂亮，因为……

人真的是猴子变的吗？

人真的是 / 不是猴子变的。

你看过猫和老鼠的故事吗？

我看过 / 没看过猫和老鼠的故事。

你知道中国人为什么喜欢龙吗？

中国人喜欢龙，是因为龙代表有能力 /……

一旦学完汉语，你就回国吗？

一旦学完汉语，我就回国。/ 学完汉语我也不回国。

你觉得一辈子只做一种工作是不是很无聊？

的确很无聊 / 不是很无聊。

你生病的时候就不来上课了吗？

我生病的时候还会尽量来上课。

为什么中国现在离婚的人越来越多？

中国离婚的人越来越多是因为……

你的汉语成绩突出吗？

我的汉语成绩很突出 / 不突出。

你认为勤奋的学生就能获得好的成绩吗？

我认为勤奋的学生就能 / 不一定能获得好的成绩。

你想找一个什么样的女朋友？

我希望我的女朋友又<u>孝顺</u>又<u>善良</u>。

你觉得自己是个<u>幸运</u>的人吗？为什么？

我觉得自己是 / 不是个幸运的人，因为……

你喜欢哪个足球<u>俱乐部</u>？

我喜欢……

你生活中最大的<u>追求</u>是什么？

我生活中最大的追求是……

<u>祝</u>你们新婚快乐，一生幸福。

谢谢你的<u>祝福</u>。

你和你的好朋友常常<u>闹意见</u>吗？

我和我的好朋友常常 / 不常闹意见。

四、练习

1.听力：请选出正确答案。

① A 婚礼

B 公司聚会

C 家人聚会

D 朋友聚会

② A 多在乎别人

B 多交朋友

C 多表达自己的感受

D 多吃醋

③ A 争论

B 猜别人的想法

C 表达自己的感受

D 抱怨

④ A 传统文化影响下的中国人常常表达自己的感受

B 抱怨也是一种沟通方式

C 不管什么原因，我们都不应该吵架

D 争论也是一种沟通方式

2．阅读

（1）请选出正确答案。

你吃过她炒的菜吗？好吃得（　　　　　）！她是地道的南方人，做饭不喜欢放酱油，喜欢放一点糖。我虽然是北京人，但吃起来很习惯。她明天请我去她的（　　　　　）吃饭，你一起去吧？

⑤　A 太　　　　　　　　　　　　　　B 不得了

　　C 非常　　　　　　　　　　　　　D 极了

⑥　A 公司　　　　　　　　　　　　　B 学校

　　C 公寓　　　　　　　　　　　　　D 医院

（2）请选出与试题内容一致的一项。

⑦　理论联系实际是指我们不但要学习各种基础知识，而且要从理论与实际的联系上去理解知识，用学过的知识去解决问题，把知识学懂了，把知识用到生活中。理论是人们对生活的理解，实际是真正的生活。

　　A 我们能学会各种基础知识就够了

　　B 基础知识没有用，实际生活中才能学到知识

　　C 基础知识有用，但要联系实际生活才能真正起到作用

　　D 理论就是我们的实际生活

（3）请选出正确答案。

我和我老婆的婚礼是我们自己主持的，步骤也是我们自己事先安排的，我们现在也觉得我们很了不起。

我们都不喜欢浪费，但又想让我们婚姻的开始有自己的特点。我们婚礼请来的客人不多，都是我们的家人和很好的朋友。

我们的婚礼分三部分：与每个客人互动，给他们发言的机会；与每桌客人共餐 10 分钟，把我们的幸福带给她们；给每个客人一份希望，约好 20 年后再聚会。

我们希望光临我们婚礼的客人也能感受到温暖，让他们都觉得自己是婚礼中的一员，并很高兴参加 20 年后的聚会。

我们婚礼的摄影师是请来的，很专业，他为我们留下了美好的回忆。

⑧　下面哪一项不是婚礼的一部分？

　　A 与客人互动　　　　　　　　　　B 给客人摄影

C 与客人共餐　　　　　　　　D 约好20年后聚会

⑨ 我和我老婆的婚礼怎么样?

A 花了很多钱　　　　　　　　B 请来的主持人很专业

C 我们对自己的婚礼很满意　　D 来了很多客人

3. 书写

（1）完成句子。

⑩ 步骤　我觉得　包饺子的　不是　很简单

⑪ 自由的　独立　是　经济　基础

（2）写短文。

⑫ 请结合下列词语（要全部使用），写一篇40字左右的短文。

省略　　步骤　　离婚

⑬ 请结合这张图片写一篇 40 字左右的短文。

第 52 课　父母与子女

🔍 一、词语

1.	bùrú 不如	（动）	be inferior	谁都不如他
2.	jiātíng 家庭	（名）	family	家庭关系
3.	mìqiè 密切	（形）	close	交往密切
4.	bújiàndé 不见得	（副）	uncertain	这样做，不见得有好结果
5.	shìwù 事物	（名）	thing	认识事物
6.	biǎomiàn 表面	（名）	surface	看问题不能只看表面
7.	gànhuór 干活儿	（动）	do physical work; work	在家干活儿 / 他今天在公司没干活
8.	dǎgōng 打工	（动）	work	外出打工
9.	zhèng 挣	（动）	earn	挣钱
10.	wángzǐ 王子	（名）	prince	白马王子
11.	gōngzhǔ 公主	（名）	princess	白雪公主
12.	běnkē 本科	（名）	undergraduate	本科生
13.	kào 靠	（动）	depend on	靠父母生活
14.	bàodào 报道	（动 / 名）	report on; report, coverage	报道新闻 / 一篇报道
15.	zhuānjiā 专家	（名）	expert	外国专家
16.	dàibiǎo 代表	（动 / 名）	represent; representative	这篇文章代表了他的写作特点 / 公司代表
17.	rújīn 如今	（名）	nowadays	如今的孩子都很聪明
18.	lǎolao 姥姥	（名）	(maternal) grandmother	我姥姥身体很好
19.	téng'ài 疼爱	（动）	love dearly	疼爱儿女
20.	zìsī 自私	（形）	selfish	自私的人

21.	chángshí 常识	（名）	common knowledge	生活常识
22.	xiāngchǔ 相处	（动）	get on with	夫妻相处
23.	zhìyú 至于	（介）	as for	至于我的看法，以后再说
24.	chuǎng 闯	（动）	break through	走南闯北
25.	jiēchù 接触	（动）	contact, touch	他常接触各方面专家 / 孩子不要接触火
26.	jiāowǎng 交往	（动）	associate with	朋友交往
27.	chéngshú 成熟	（形）	mature	成熟的计划
28.	fǒurèn 否认	（动）	deny	否认自己错了
29.	zhìdù 制度	（名）	system	公司制度
30.	chéngdù 程度	（名）	degree	努力的程度
31.	chǎnshēng 产生	（动）	produce	产生了不好的影响
32.	kòngxián 空闲	（形 / 名）	free; free time	空闲时间 / 有空闲
33.	kèchéng 课程	（名）	course	课程安排
34.	búduàn 不断	（副）	continually	不断努力
35.	cèyàn 测验	（名）	test	数学测验
36.	áoyè 熬夜	（动）	stay up late; stay up all night	他经常熬夜
37.	fāhuī 发挥	（动）	bring into play	考试发挥得很好
38.	rénshēng 人生	（名）	life	精彩人生
39.	jīnglì 精力	（名）	energy	精力过人
40.	qīdài 期待	（动）	look forward to	期待着你的来信
41.	gǎigé 改革	（动）	reform	改革招聘制度

42.	guānniàn 观 念 （名）	concept, thought	思想观念
43.	qiángliè 强 烈 （形）	strong	强烈反对
44.	nìngkě 宁可 （副）	rather	这种事，我们宁可小心一点
45.	tǐxiàn 体现 （动）	reflect	这篇文章体现了他的写作特点
46.	gūgu 姑姑 （名）	aunt	我姑姑比我爸爸大两岁
47.	jiùjiu 舅舅 （名）	uncle	舅舅和姥姥在一起生活
48.	zūnjìng 尊敬 （动）	respect	尊敬父母
49.	zhǎngbèi 长 辈 （名）	older generation	尊敬长辈
50.	yōujiǔ 悠久 （形）	long-standing	历史悠久
51.	mǒu 某 （代）	certain, some	某年某月某日
52.	xiànzhì 限制 （动）	limit, restrict	限制抽烟 / 限制身高
53.	zhàn 占 （动）	occupy	占座位
54.	tuìxiū 退休 （动）	retire	他快退休了
55.	xiǎngshòu 享 受 （动）	enjoy	享受生活
56.	xiūxián 休闲 （形）	leisurable	休闲活动
57.	cāoxīn 操心 （动）	concern	操心儿子的学习
58.	kuòdà 扩大 （动）	enlarge	扩大圈子
59.	jiāojì 交际 （动）	communicate	交际能力
60.	quān（zi） 圈（子）（名）	circle	生活圈子
61.	bǐcǐ 彼此 （代）	each other	彼此关心
62.	rìzi 日子 （名）	day, life	选日子 / 过日子

63.	wùzhì 物质	（名）	material	物质与精神
64.	dàn 淡	（形）	light	菜淡了 / 家庭观念很淡
65.	jīngshén 精 神	（名）	spirit, energy	精神生活 / 有精神
66.	fǎn'ér 反而	（副）	instead, yet	退休后反而更忙了
67.	dàikuǎn 贷 款	（名 / 动）	loan; borrow a loan	助学贷款 / 贷款买房子
68.	wánshàn 完 善	（形 / 动）	perfect; make perfect	完善的制度 / 完善制度
69.	bǎoxiǎn 保 险	（名 / 形）	insurance; reliable, safe	社会保险 / 钱放在银行很保险

补充词语 / 补充词语 / Supplementary words

70.	lǎoye 姥爷	（名 ）	(maternal) grandfather	姥爷和姥姥有三个孩子

 二、对话

A：我觉得我们国家父母与子女的关系不如中国家庭父母与子女的关系密切，我好羡慕中国的孩子啊！

B：为什么？这不见得就是好事吧，任何事物都不能只看表面。

A：我们很小的时候在家就开始干活儿了，中学的时候就开始打工挣钱了。而北京的小孩子，在家都和王子、公主一样，不但不做家务，而且本科毕业工作了，还靠父母生活。我今天看到的新闻报道，专家们讨论的就是这些问题。

B：这些问题的确能代表一部分家庭的情况。如今，很多孩子和姥姥、姥爷、爷爷、奶奶长大，老人都特别疼爱孩子，孩子说什么是什么。这样的孩子一般都有点自私，独立能力很差，有的甚至不知道基本的生活常识，以后在社会上与人相处会有问题。至于打工的问题，我觉得小孩子早点出去闯闯是有好处的，越早和社会接触，越多和朋友交往，孩子就会越快成熟。不过不能否认，中国的教育制度也在一定程度上产生了不好的影响，现在的中学生真的没有空闲时间。过多的课程，不断的测验，使得很多学生要熬夜做作业。高中毕业考试发挥不好，会影响到整个人生。他们哪里有精力去打工啊！期待着教育制度的改革。

A：中国人家庭观念强烈，所以有的孩子宁可放弃一些发展机会，也会陪在老人身边。中国的老人也很幸福啊！

B：中国人的确家庭观念强烈，这不光体现在小家庭上，还体现在大家庭上。我们家和我姑姑家、舅舅家的人感情也很好，我们常常聚会。"父母在，不远游"，"尊敬长辈"等都是中国的悠久传统。但是，在某种程度上，这些观念限制了孩子的发展，也占用了老人的时间。老人退休后应该好好享受休闲生活，不应该再为子女操心。我觉得无论子女还是老人，都应该多参加活动，扩大交际圈，不要过分靠彼此。你们国家各过各的日子就不错啊！

A：我们国家很多大学生都得不到父母的物质支持，所以关系就很淡。

B：精神支持也很重要啊！我反而觉得，你们能不靠父母上学是因为你们的学生贷款制度完善，老人不靠你们是因为老人老年生活的保险制度完善。

A：看来，不用羡慕别人，每个人都应该努力过好自己的生活！

 三、问答练习

你觉得现在的人不如过去的人幸福吗？
我觉得现在的人不如过去的人幸福。/我觉得现的人比过去的人幸福。

你们国家家庭关系密切吗？
我们国家家庭关系很密切/不密切。

你和你邻居的关系密切吗？
我和我邻居的关系很密切/不密切。

今天不见得能下雨吧？
今天肯定会下雨/今天可能不下雨了。

你觉得事物的形式重要还是内容重要？
我觉得事物的形式重要/事物的内容重要。

你觉得他是个热情的人吗？
表面上看，他不爱说话，但实际上他很热情。

你在家经常干活儿吗？
我在家经常/不经常干活儿。

你上学的时候打过工吗？
我上学的时候打过工/没打过工。

你一个月挣多少钱？
在我们国家一般不问一个人挣多少钱。

你小时候你妈妈经常给你讲故事吗？
对，我最爱听公主和王子的故事。

你本科上了几年？
我本科上了……年。

你为什么不去打工呢？
我的学费和生活费都靠我父母。

昨天你看新闻报道了吗？

昨天我看新闻报道了。/ 昨天我没看电视新闻报道。

您是哪方面的专家？

我主要研究……

谁想代表我们班去参加汉语比赛？

……想代表我们班去参加汉语比赛。

如今的生活变化真大呀！

是呀，……

你姥姥今年多大了？

我姥姥今年……岁。

这个世界上谁最疼爱你？

这个世界上……最疼爱我。

你为什么不喜欢他？

因为他很自私。

你了解中国的一些基本常识？

我学过关于中国历史和中国地理的基本常识。

你和同事相处得怎么样？

我和同事相处得很好 / 不太好。

你决定参加汉语水平考试了吗？

我决定参加汉语水平 5 级考试，至于口试，我明年再考。

为什么不敲门就闯进我的房间？

对不起，我找你有急事。

你的工作常接触危险的事物吗？

我的工作常 / 不常接触危险的事物。

咱们班你最喜欢和谁交往？

咱们班我最喜欢和……交往。

你觉得怎样的人算一个成熟的人呢？

我觉得成熟的人应该……

你敢否认以前没认真学习汉语吗？

我不否认。/ 我的确认真学习汉语了。

根据学校的制度，不来上课怎么办？

根据学校的制度，不来上课……

你的汉语现在是什么程度？

我的汉语现在的程度是……

学汉语对你的工作或生活产生了什么影响？

学汉语以后，我的工作 / 生活……

空闲的时候，你都做什么？

空闲的时候，我……

你最喜欢哪个汉语课程？

我最喜欢的汉语课程是……

他为什么不断咳嗽？

他不断咳嗽是因为……

你希望明天有汉语测验吗？

我希望明天有 / 没有汉语测验。

你经常熬夜吗？

我经常 / 不经常熬夜。

上次考试你发挥得怎么样?

上次考试我发挥得很好 / 不太好。

你喜欢什么样的人生?

我喜欢的人生是……

下班后你还有精力学习吗?

下班后我还有精力学习 / 没精力学习了。

你现在最期待什么事?

我现在最期待的事是……

你觉得你们国家需要改革什么?

我觉得我们国家需要改革……

你觉得所有老年人的观念都比较传统吗?

并不是所有老年人的观念都比较传统。

他的画怎么样?

他的画色彩强烈。

你宁可变成胖子,也不能少吃点吗?

我宁可变成胖子,也不能少吃。/ 我不想变成胖子,我以后少吃点。

小张拍的照片怎么样?

这些照片体现了小张对家乡的热爱。

"姑姑" 是什么意思?

姑姑是爸爸的姐姐或妹妹。

"舅舅" 是什么意思?

舅舅是妈妈的哥哥或弟弟。

你最尊敬的人是谁?

我最尊敬的人是……。

你家里长辈多吗?

我家里长辈很多 / 不多。

你们国家历史悠久吗?

我们国家历史悠久 / 我们国家还比较新。

你觉得自己某天汉语可以说得和中国人一样好吗?

我觉得 / 不觉得自己某天汉语可以说得和中国人一样好。

这个工作限制年龄吗?

不限制。/ 我们想找年龄大 / 小一点的。

请帮我占个座好吗?

好。/ 不行,这里不能占座。

你们国家法律规定,你们国家的人多大年龄退休?

我们国家法律规定,我们国家的人……岁退休。

你是怎样享受业余生活的?

我业余喜欢……

你喜欢穿休闲的衣服吗?

我喜欢 / 不喜欢穿休闲的衣服。

你还在为你的孩子操心吗?

我还在为他操心 / 不为他操心了。

你汉语的词汇量现在扩大到多少个了?

我汉语的词汇量现在扩大到……个了。

你爱交际吗?

我爱 / 不爱交际。

你的生活圈子中都有些什么人呢？

我的生活圈子中的人有……

今天是什么日子？

今天是……

物质是生活的基础吗？为什么？

物质是 / 不是生活的基础，因为……

你喜欢淡蓝色吗？

我喜欢 / 不喜欢淡蓝色。

你今天怎么这么没精神？

我今天没精神是因为……

你觉得物质生活重要还是精神生活重要？

我觉得物质生活 / 精神生活重要。

快考试了，你为什么反而不来上课了呢？

我不来上课的原因是……

你贷过款吗？

我贷过款 / 没贷过款。

你看这个计划还需要完善吗？

我看这个计划还需要完善 / 不需要完善了。

你交社会保险了吗？

我交社会保险了。/ 我没交社会保险。

四、练习

1. 听力：请选出正确答案。

① A 男的应该多做点家务　　　　　B 女的忙时，男的多做点家务也是应该的
　 C 男女应该共同承担家务　　　　D 男的忙时，女的多做点家务也是应该的

② A 总会有矛盾　　　　　　　　　B 吵架很正常
　 C 总是顺利的　　　　　　　　　D 像小说中的王子和公主的结果一样

③ A 姑姑不常来看我们　　　　　　B 舅舅不关心我
　 C 爷爷奶奶很操心我的学习　　　D 我们家人的关系很密切

④ A 现在更多的人不愿意和老人一起住　B 我父母不愿意和老人一起住
　 C 姥姥、姥爷住得离我们很近　　　D 姑姑、舅舅住得离我们很远

2. 阅读

（1）请选出正确答案。

　　我觉得大学时打工不见得是坏事，好处也很多。第一，可以挣钱，满足一些（　　　）需要；第二，可以扩大交际圈子，多交朋友；第三，可以提前（　　　）社会。

⑤ A 精神　　　　　B 学习　　　　　C 物质　　　　　D 工作
⑥ A 听说　　　　　B 知道　　　　　C 了解　　　　　D 看见

（2）请选出正确答案。

⑦ 如果我们的学习、工作成绩不如别人，大多数人宁可说自己不够努力、不够认真或者发挥得不好，而不会否认自己聪明。这里面有一个很大的原因是：不够聪明是很难改变的，是几乎没有希望的。但是，我们其实有很多办法让不够聪明的自己取得好的成绩。

　　A 不够聪明的人也可以取得好的成绩

　　B 没有人否认自己不够聪明

　　C 否认自己不够聪明的原因是认为自己很聪明

　　D 聪明的人一定可以取得好的成绩

（3）请选出正确答案。

　　我不是专家，我的想法也只是代表我自己，不一定对，但我还是想说说。

　　来中国很久了，听说中国"一个家庭只能有一个孩子"的制度也已经很久了，但还是觉得中国的人越来越多。为什么呢？为什么中国限制生孩子，孩子却越来越多；而很多国家鼓励生孩子，孩子还很少？我觉得最主要的还是社会保险制度。

　　生病，是人们最害怕的。如果生病不用担心了，社会保险可以完全解决这个问题，人们就可以不通过孩子的钱来增加安全感。

　　吃饭、穿衣是生活基本的要求。退休后，社会保险可以满足这个要求，人们就可以不通过孩子的钱来解决问题。

　　感情，是生活的支持。社会多一些组织，多一些活动，让每个人都能感受到温暖，人们也就可以不只通过孩子来满足这个需要了。

　　所以，我觉得，中国要想降低人数，要在这些方面努力。

⑧ "我"觉得中国人数为什么多？

　　A 社会保险制度不够好　　　　　　B 人活的岁数越来越大

　　C 中国人喜欢小孩儿　　　　　　　D "一个家庭只能有一个孩子"的制度

⑨ 从这篇短文，我们可以知道什么？

　　A 世界上所有国家的人数都是越来越多

　　B "我"的想法很科学

　　C "我"觉得中国可以从三个方面减少人口

　　D "我"是一个专家

3. 书写

（1）完成句子。

⑩ 这个　　怎么　　那么　　菜　　淡

⑪ 改革　　更不完善了　　反而　　贷款制度　　使

（2）写短文。

⑫ 请结合下列词语（要全部使用），写一篇 40 字左右的短文。

强烈　　熬夜　　精力

⑬ 请结合这张图片写一篇 40 字左右的短文。

一、词语

1.	āi 唉	（叹）	alas	唉，我来了 / 唉，怎么又没电了
2.	hūrán 忽然	（副）	suddenly	他忽然停下来了
3.	duàn 断	（动）	break	树断了 / 联系断了
4.	zhèng 正	（副/形）	just (right); pure, upright	他正在学习 / 颜色不正
5.	dùn 顿	（量）	(measure word)	一顿饭
6.	lìjí 立即	（副）	immediately	立即吃饭
7.	chōngdiànqì 充电器	（名）	battery charger	手机充电器
8.	wǎngluò 网络	（名）	network, Internet	交通网络 / 电脑网络
9.	mántou 馒头	（名）	steamed bun	炸馒头
10.	gēn 根	（量）	(measure word)	一根香肠
11.	yóuzhá 油炸	（动）	fry in oil	油炸食物
12.	xiāngcháng 香肠	（名）	sausage	法国香肠
13.	làjiāo 辣椒	（名）	hot pepper	红辣椒
14.	zhǔ 煮	（动）	boil	煮牛肉
15.	tǔdòu 土豆	（名）	potato	土豆丝
16.	dòufu 豆腐	（名）	bean curd; tofu	红烧豆腐
17.	hǎixiān 海鲜	（名）	seafood	海鲜饭馆
18.	kǒuwèi 口味	（名）	taste	那盘菜味道很好
19.	wén 闻	（动）	smell, hear	闻到香味儿 / 两耳不闻窗外事
20.	liúlèi 流泪	（动）	shed tears; weep	伤心流泪

21.	jiāxiāng 家乡	（名）	hometown	回到家乡
22.	qīngdàn 清淡	（形）	light	清淡的菜
23.	shūcài 蔬菜	（名）	vegetable	绿色蔬菜
24.	língshí 零食	（名）	between-meal nibble; snack	爱吃零食不是好习惯
25.	yùdìng 预订	（动）	reserve, book	预订火车票
26.	Yuándàn 元旦	（名）	New Year's Day	元旦快乐
27.	yìng 硬	（形）	hard	桌子硬
28.	ruǎn 软	（形）	soft	馒头软
29.	zhǎi 窄	（形）	narrow	小街窄
30.	kuān 宽	（形）	wide	大路宽
31.	tào 套	（量）	(measure word) set	一套衣服
32.	fúzhuāng 服装	（名）	clothes	服装市场
33.	tǎojià-huánjià 讨价还价	（动）	bargain	他很会讨价还价
34.	xiàndài 现代	（名）	modern age	现代科学
35.	chāojí 超级	（形）	super	超级能力
36.	shìchǎng 市场	（名）	market	蔬菜市场
37.	shuōbudìng 说不定	（副）	perhaps	他说不定不来了
38.	zhújiàn 逐渐	（副）	gradually	天气逐渐热了
39.	dàitì 代替	（动）	replace	他代替我上课
40.	shímáo 时髦	（形）	fashionable	她穿得很时髦
41.	yàngshì 样式	（名）	style	样式简单

42.	shíshàng 时尚	（名）	fashion	引领时尚
43.	shāngpǐn 商品	（名）	commodity, goods	商品买卖
44.	gēnběn 根本	（副）	fundamentally	我根本不知道这件事
45.	xiāofèi 消费	（动）	consume	物质消费
46.	shíwù 食物	（名）	food	绿色食物
47.	chéngrèn 承认	（动）	admit	我承认了错误
48.	liàn'ài 恋爱	（动）	be in love	自由恋爱
49.	xiànshí 现实	（名）	reality	现实生活
50.	quēfá 缺乏	（动）	lack	缺乏勤奋精神
51.	zhēnshí 真实	（形）	real	真实情况
52.	xìnrèn 信任	（动）	trust	我信任你
53.	wēihài 危害	（动）	harm	危害人们的身体健康
54.	fēngjǐng 风景	（名）	landscape	风景画
55.	dāi 待	（动）	stay	待在国内
56.	xúnzhǎo 寻找	（动）	look for; search	寻找答案
57.	gǔdiǎn 古典	（形）	classical	古典美
58.	fēngsú 风俗	（名）	custom	风俗文化
59.	liúlǎn 浏览	（动）	browse	浏览网页
60.	lèixíng 类型	（名）	type	类型不同
61.	fēnxī 分析	（动）	analyze	分析问题
62.	gǔpiào 股票	（名）	stock	炒股票

63.	zhèngzhì 政治	（名）	politics	政治活动
64.	tòumíng 透明	（形）	transparent	透明的制度
65.	guāngpán 光盘	（名）	compact disc	买卖光盘
66.	hángyè 行业	（名）	industry	行业竞争
67.	xiāoshī 消失	（动）	disappear	他消失了
68.	bìngdú 病毒	（名）	virus	流行感冒病毒 / 电脑病毒
69.	chuánbō 传播	（动）	spread	传播消息
70.	mìmì 秘密	（名）	secret	那是我的秘密
71.	gōngkāi 公开	（动）	reveal, disclose	公开信息
72.	yǒulì 有利	（形）	beneficial	对公司有利

补充词语 / Supplementary words

73.	chōngdiàn 充电	（动）	charge	给手机充电
74.	qīpiàn 欺骗	（动）	cheat	欺骗孩子
75.	xiāofèizhě 消费者	（名）	consumer	消费者 / 保护法
76.	bì 弊	（名）	shortcoming	利多弊少

 二、对话

A：唉，网忽然断了，我正要买顿午饭吃呢！

B：没事儿，手机没电了，拿来充电器充上电，我用手机上网买。

……

B：现在的网络真方便，你买的是什么好吃的？

A：一个馒头，两根油炸香肠，水煮鱼，辣椒炒豆腐，辣椒炒海鲜，四个菜。

B：你口味好重啊！吃这么多辣椒。我闻到辣椒的味道就会流泪。

A：我家乡的人都爱吃辣椒，习惯了。

B：我爱吃清淡的，爱吃绿色蔬菜。对了，我刚上网买了些零食，还预订了元旦回家的火车票。

A：你买的是硬座还是软座？

B：软座，硬座太窄，软座宽，坐着舒服。

A：我下午要上网买套衣服，就不用去逛服装店了，也不用讨价还价了。现代人的生活就是好啊，超级市场、商店说不定逐渐会被网络商店代替。

B：那不可能。我就不喜欢在网上买衣服，我穿衣服不在乎是否时髦，但在乎衣服的样式是否适合我，我认为的时尚就是简单、合适。而且，网上的商品不能拿到手中仔细看看，衣服也不能穿上试试，这根本满足不了消费需求。

A：但你还是要承认，网络给我们带来很多方便。我们可以在网上交朋友，甚至谈恋爱。

B：网络聊天儿虽然经济，但是和现实生活还是不一样，缺乏真实感和信任感，甚至有可能危害到安全。再说，外面的风景那么美，总待在家里多不值得啊！

A：我还喜欢上网寻找各种古典音乐，了解各国风俗文化，浏览各类型新闻，分析股票……我们不但能学到多方面的知识，而且通过网络，政治、经济也越来越透明了。

B：所以，光盘行业消失了，病毒传播加快了，人们的秘密都被公开了……

A：还是要多看积极的方面。社会在进步，时代在发展，总是有利有弊，而且总是利大于弊。

 三、问答练习

唉，你怎么又来晚了？	他正在做什么？
对不起，我……	他正在……
天气忽然冷了起来？	你一天吃几顿饭？
是呀，多穿件衣服。	我一天吃……顿饭。
怎么忽然断电了？	下课后你立即回家吗？
断电是因为……	下课后我立即／不立即回家。

你带手机充电器了吗？

我带手机充电器了。/ 我没带手机充电器。

你习惯没有网络的生活吗？

我习惯 / 不习惯没有网络的生活。

你爱吃馒头还是面包？

我爱吃馒头 / 面包。

你买几根香肠？

我买……根香肠。

油炸的东西对身体好吗？

油炸的东西对身体不好。

你今天早上吃香肠了吗？

我今天早上吃香肠了 / 没吃香肠。

你吃菜喜欢放辣椒吗？

我吃菜喜欢 / 不喜欢放辣椒。

你想吃煮鸡蛋吗？

我想 / 不想吃煮鸡蛋。

西方国家都把土豆当主食吗？

西方国家都 / 不都把土豆当主食。

你爱吃家常豆腐吗？

我爱吃 / 不爱吃家常豆腐。

你喜欢吃海鲜吗？

我喜欢 / 不喜欢吃海鲜。

什么菜最符合你的口味？

……最符合我的口味。

你为什么流泪？

因为……

你做的菜闻着真香。

谢谢。快来吃吧。

你的家乡在哪儿？

我的家乡在……

你觉得中国哪个地方的菜比较清淡？

我觉得中国……的菜比较清淡。

你喜欢吃什么蔬菜？

我喜欢吃的蔬菜有……

你喜欢吃什么零食？

我喜欢吃的零食有……

你预订回国的飞机票了吗？

我预订回国的飞机票了 / 没预订回国的飞机票。

元旦放假吗？

元旦当然放假。

你喜欢硬笔书法还是软笔书法？

我喜欢硬笔书法 / 软笔书法。

你家门前的那条路很窄吗？

我家门前的那条路很窄 / 不窄。

你的老师是个知识面很宽的人吗？

我的老师是 / 不是个知识面很宽的人。

你要一本 HSK 的书还是要一套 HSK 的书？

我要一本 / 套 HSK 的书。

你喜欢穿运动服装吗？

我喜欢 / 不喜欢穿运动服装。

在那个商场可以讨价还价吗？

在那个商场可以 / 不能讨价还价。

你有现代汉语词典吗？

我有 / 没有现代汉语词典。

你觉得哪个电影超级棒？

我觉得……超级棒。

春天来了，天气逐渐暖起来了。

是呀，过几天又可以游泳了。

王老师，明天能代替我来上课吗？

好，没问题。

在你们国家，学汉语是件时髦的事情吗？

在我们国家，学汉语是 / 不是件时髦的事情。

你喜欢什么样式的衣服？

我喜欢……样式的衣服。

你喜欢做什么时尚的事情？

我喜欢做……

今天有什么特价商品？

今天的特价商品有……

你根本不了解中国，怎么能学好汉语？

你说得对，我应该了解一些中国文化。

这里的消费水平怎么样？

这里消费水平很高 / 不高。

抽烟危害人的身体健康吗？

抽烟危害人的身体健康。

你承认你以前没努力学习汉语吗？

我承认 / 不承认我以前没努力学习汉语。

你在和谁谈恋爱？

我在和……谈恋爱。

怎样才能把理想变成现实？

我们应该……

如果一个缺乏经验的老师给你上课，你会给她机会吗？

如果一个缺乏经验的老师给我上课，我会 / 不会给她机会。

真实的话如果不好听，你还听吗？

真实的话如果不好听，我还想听。/ 如果真实的话不好听，我不想听了。

谁是你最信任的人？

……是我最信任的人。

你喜欢中国的风景画儿吗？

我喜欢 / 不喜欢中国的风景画儿。

你星期六在家里待了一天吗？

我星期六在家里待了一天 / 没在家里待一天。

你寻找到你小学最好的同学了吗？

我寻找到我小学最好的同学了。/ 我还没寻找到我小学最好的同学。

你喜欢古典音乐还是现代音乐？

我喜欢古典 / 现代音乐。

你们国家结婚有什么<u>风俗习惯</u>？
我们国家结婚的风俗习惯有……

你常<u>浏览</u>什么网站？
我常浏览……

你喜欢看哪种<u>类型</u>的书？
我喜欢看……类型的书。

你喜欢<u>分析</u>事情吗？
我喜欢 / 不喜欢分析事情。

你在炒<u>股票</u>吗？
我在 / 没在炒股票。

你喜欢学<u>政治</u>吗？
我喜欢 / 不喜欢学政治。

你想去买一个<u>透明</u>杯子吗？
我想 / 不想去买一个透明杯子。

现在为什么越来越少的人用<u>光盘</u>了？
现在越来越少的人用光盘是因为……

你在哪个<u>行业</u>工作？
我在……行业工作。

最近你怎么<u>消失</u>了？
我去国外旅游了。

你的电脑是不是有<u>病毒</u>？
我的电脑有 / 没有病毒。

感冒病毒<u>传播</u>速度快吗？
感冒病毒传播速度很快 / 不快。

这是我们的<u>秘密</u>，不要告诉别人好吗？
好，我不告诉别人。

你是什么时<u>候公开</u>和你男朋友的关系的？
我是……公开和我男朋友的关系的。

常看很难的中国电影对学习汉语<u>有利</u>吗？
常看很难的中国电影对学习汉语有利 / 没利。

四、练习

1. 听力：请选出正确答案。

① A 时髦的东西不一定贵　　　　　　B 中国所有卖商品的地方都可以讨价还价
　　C 我自己学会了讨价还价　　　　　D 在中国小市场买东西一定要讨价还价

② A 古典的　　　　　　　　　　　　B 现代的
　　C 很快、很闹的　　　　　　　　　D 浪漫的

③ A 不咸、关系不深、味道不重　　　B 关系不深、不油、不辣
　　C 不咸、颜色不重、味道不重　　　D 不咸、不辣、不油

④ A "淡" 和 "清淡" 可以互换　　　　B "淡" 和 "清淡" 都有颜色不深的意思

C"淡水"是指不咸的水　　　　　D"淡"和"清淡"都有关系不深的意思

2. 阅读

（1）请选出正确答案。

炒股票现在成了一种时尚，和病毒（　　　　）的速度差不多。股票分析软件的光盘到处都是，我不得不承认，我跟不上这个时代了。我觉得玩股票挣钱是那么不现实，也不真实。就那么多钱，是你的就不是我的，是我的就不是你的，我不如去（　　　　）更好的挣钱方法。

⑤ A 流行　　　　B 传播　　　　C 产生　　　　D 出现

⑥ A 玩　　　　　B 发明　　　　C 寻找　　　　D 炒

（2）请选出正确答案。

⑦ 政治应该是公开的、透明的，这不但不会危害国家的安全，还会对社会更有利。政治有太多的秘密，只能说明政治是不干净的，是不可告人的，根本不能给人们信任感，更不可能给人们幸福感。社会是大家的，政治是为社会服务的，缺乏这个根本认识的政治是不可能成功的。

A 公开、透明的政治会危害国家安全

B 政治是否公开、透明与人们没有什么关系

C 公开、透明的政治才可能给人们信任感

D 政治是为国家服务的，与人们无关

（3）请选出正确答案。

元旦前的一个晚上，很多国家人们都是一起过的，有的国家是家人一起过，有的国家是朋友一起过。那晚，全世界的消费一定是一年中最高的，很多饭馆、俱乐部等都会被提前预订了。

去年的最后一个晚上，我是和学生们一起过的。我们每个人准备了一个家乡菜，不同的食物，不同的口味，不同的做法，有炒的、有煮的、有炸的，不同的主食，有米饭、有馒头、有面包、有土豆，但是大家对汉语的热爱却是相同的。

我的学生们并不都互相认识，有的是面对面上课的学生，有的是网络上的学生，而且跟着我学汉语的时间也不一样。我教汉语十多年了，这次来的和我认识时间最长的学生也十几年了。

他们是不同国家的人。接到我邀请他们元旦前夜一起吃顿饭的消息，他们能来的都来了，不能来的，也都会说："唉，老师，我真想去，但我实在去不了。"

做一名汉语老师真的很幸福！

⑧ "我"的学生们是什么情况？

　　A 他们都认识　　　　　　　　B 他们年龄差不多

　　C 他们都是跟我学汉语的　　　D 他们是一个国家人

⑨ 从这篇短文，我们可以知道什么？

　　A 世界上的人都爱学汉语

　　B 学汉语的学生都尊重老师

　　C "我"作为汉语老师很幸福

　　D 我的学生汉语学得都很好

3.书写

（1）完成句子。

⑩ 这个　　太　　颜色　　淡　　了

⑪ 带　　你　　了　　手机充电器　　吗

（2）写短文。

⑫ 请结合下列词语（要全部使用），写一篇40字左右的短文。

　　浏览　　逐渐　　代替

⑬ 请结合这张图片写一篇 40 字左右的短文。

第 54 课 如何追求生活质量

🔍 一、词语

1.	biànlùn 辩论	（动）	debate	辩论对错
2.	tímù 题目	（名）	exam question; title	看清题目 / 文章题目
3.	rúhé 如何	（代）	how	如何解决问题
4.	huàtí 话题	（名）	topic	换个话题
5.	zhuǎnbiàn 转 变	（动）	convert	转变话题
6.	jiǎ 甲	（名）	the first	甲方
7.	fāng 方	（名）	square, party	桌面是方的 / 我方观点
8.	guāndiǎn 观 点	（名）	point of view	政治观点
9.	yǐ 乙	（名）	the second	乙方
10.	rénlèi 人类	（名）	human	人类发展
11.	jīběn 基本	（形）	basic	基本观点
12.	jiǎodù 角度	（名）	angle	角度不同
13.	shíxiàn 实现	（动）	come true	实现理想
14.	mǎnzú 满足	（形）	satisfied	双方都很满足 / 满足你
15.	cúnzài 存在	（动）	exist	现在存在的主要问题
16.	gǔdài 古代	（名）	ancient times	古代故事
17.	shēngchǎn 生 产	（动）	produce	商品生产
18.	luòhòu 落后	（动/形）	lag behind; backward	不愿落后 / 落后的国家
19.	fèndòu 奋斗	（动）	struggle, strive	奋斗的方向
20.	shuāngfāng 双 方	（名）	both sides	夫妻双方

21.	lúnliú 轮流	（动）	take turns	同学们轮流打扫教室
22.	fāyán 发言	（动/名）	make a speech; speech	积极发言 / 他的发言很精彩
23.	lǐyóu 理由	（名词）	reason	我这样做的理由
24.	huángjīn 黄金	（名）	gold	黄金很贵
25.	yín 银	（名）	silver	银筷子
26.	cáichǎn 财产	（名）	property	个人财产
27.	gāodàng 高档	（形）	high grade	高档服装
28.	háohuá 豪华	（形）	luxurious	豪华婚礼
29.	jìmò 寂寞	（形）	lonely	一个人的寂寞生活
30.	yìyì 意义	（名）	meaning, significance	词的意义 / 有意义的活动
31.	bìjìng 毕竟	（副）	after all	他毕竟是个孩子
32.	zànchéng 赞成	（动）	approve	我赞成他的观点
33.	duìfāng 对方	（名）	rival; opposite side	比赛前我们都在研究对方
34.	rèliè 热烈	（副）	warmly	热烈欢迎
35.	gǔzhǎng 鼓掌	（动）	applaud	鼓掌欢迎
36.	jìndài 近代	（名）	recent times	近代科学
37.	yǐlái 以来	（名）	since	工作以来
38.	gǎishàn 改善	（动）	improve	改善生活
39.	zhànzhēng 战争	（名）	war	国际战争
40.	dìzhèn 地震	（名）	earthquake	发生地震
41.	zāihài 灾害	（名）	disaster	自然灾害

42.	wēixié 威胁	（动）	threaten	武力威胁／环境污染威胁人类健康
43.	guówáng 国王	（名）	king	英国国王
44.	zǒngtǒng 总统	（名）	president	总统选举
45.	zǒnglǐ 总理	（名）	prime minister	总理接见了他
46.	miànduì 面对	（动）	face	面对困难
47.	duǒcáng 躲藏	（动）	hide	四处躲藏
48.	quánlì 权力	（名）	power	国家权力
49.	zhèngfǔ 政府	（名）	government	国家政府
50.	hépíng 和平	（名）	peace	和平年代
51.	dàodé 道德	（名）	moral	有道德
52.	dírén 敌人	（名）	enemy	生气是健康的敌人
53.	wàijiāo 外交	（名）	diplomacy	外交活动
54.	jūnshì 军事	（名）	military	军事变化
55.	lìliang 力量	（名）	strength	爱是一种力量
56.	bìmiǎn 避免	（动）	avoid	避免出现错误
57.	liánhé 联合	（动）	unite	联合起来面对困难
58.	zǔzhī 组织	（动／名）	organize; organization	组织活动／国际组织
59.	táobì 逃避	（动）	escape	逃避困难
60.	guīlǜ 规律	（名）	rule	有规律
61.	cóng'ér 从而	（连）	thus	经过思考，从而找到解决问题的办法
62.	sǔnshī 损失	（名）	loss	造成了很大的损失

63.	tiǎozhàn 挑战	（动）	challenge	面对挑战
64.	dǎ jiāodào 打交道	（动）	make contact with	他常和警察打交道
65.	lǐngyù 领域	（名）	field	思想领域
66.	jiāohuàn 交换	（动）	exchange	交换礼物
67.	chūjí 初级	（形）	elementary	初级汉语
68.	jiēduàn 阶段	（名）	phase, stage	开始阶段
69.	shēng 升	（动）	rise	升上天空
70.	dǐng 顶	（名）	top	头顶
71.	biǎoxiàn 表现	（动）	show	他表现了他的热情
72.	suǒ 所	（助）	(grammatical particle)	所说的
73.	dàolǐ 道理	（名）	principle, reason	他这么做没道理
74.	jīliè 激烈	（形）	intense	激烈的战争
75.	guīnà 归纳	（动）	induce, generalize	归纳大家的意见
76.	shíqī 时期	（名）	period	和平时期
77.	niándài 年代	（名）	age	战争年代
78.	sīkǎo 思考	（动）	think deeply	思考问题

补充词语 / **Supplementary words**

79.	xūqiú 需求	（名）	demand	市场需求
80.	shēnglǐ 生理	（名）	physiology	生理需求
81.	zìwǒ 自我	（代）	oneself	自我保护

82. <ruby>空虚<rt>kōngxū</rt></ruby>　（形）　void　内心空虚

83. <ruby>联合国<rt>liánhéguó</rt></ruby>　（名）　the United Nations

84. <ruby>马斯洛<rt>Mǎsīluò</rt></ruby>　　Maslow

 二、对话

主持人：同学们，今天的辩论题目是由"如何追求生活质量"这个话题转变而来的。甲方观点是：在追求生活质量的过程中，物质更重要。乙方的观点是：在追求生活质量的过程中，精神更重要。我们今天会从马斯洛的人类五大基本需求的角度来辩论。这五大需求是：生理需求、安全需求、社交需求、被尊重需求和自我实现需求。生理需求很容易理解，那就是要吃饱、穿暖，只有满足了这个条件，人类才能继续存在。古代的人，生产能力落后，就更多地为活下来而奋斗。下面甲乙双方就这个方面轮流发言。

甲方：　同学们，物质是基础，我们当然有理由说，物质在满足人的生理需求方面发挥了重要的作用。

乙方：　但是，无论你有多少黄金白银等物质财产，无论你开多么高档的车，无论你住多么豪华的房子，如果你的精神是空虚寂寞的，生活还有什么意义？

甲方：　毕竟我们活下来了。没有物质，你活着让我看看。同学们，你们说是不是？赞成我方观点的，反对对方观点的，请热烈鼓掌。

主持人：下面我们谈谈安全需求。近代社会以来，人们的物质生活水平虽然改善了，但战争、地震等人为和自然灾害却不断地威胁着人类社会。大家怎么看这些问题呢？

乙方：　我方还是一样的观点。无论你是国王、总统、总理还是老百姓，面对地震，所有人都无处躲藏，权力不能发挥任何作用，物质同样也不能。而战争，如果政府是追求和平的，国王、总统、总理的道德世界完善，他们就会认为，大自然的灾害才是我们的敌人，人类是朋友，外交是为了更好地互相帮助。那么，他们就不会过多关心国家的军事力量了，战争也就避免了，也不需要联合国这样的组织了。

甲方：　不对，地震是可以逃避的，更好的物质可以让我们更好地研究地震的规律，从而避免损失。自然灾难对人类来说，永远是个挑战。

主持人：社交需求与被尊重需求是有联系的，只有在人与人打交道的过程中，才存在尊重与不尊重的问题。大家怎么看物质与精神在这两个领域的作用呢？

甲方： 我方认为，社会交往是以物质为基础的，物质可以换来大家的尊重。

乙方： 用物质交换尊重应该是发生在人类发展的初级阶段，人类发展到现在，已上升到更依靠精神传播换来尊重了吧！其实最后一个需求，自我实现的需求，就是生活质量到达顶点的表现，完全是精神帮助完成的。

甲方： 我们不同意……

主持人：甲乙双方所说的都有道理，辩论也很激烈。由于时间不多了，我简单归纳一下：在不同的历史发展时期，在不同的年代，物质和精神在人类追求生活质量过程中所起的作用是不同的。至于现阶段，我们应该怎样提高我们的生活质量，这个问题还是要留给大家继续思考。

 三、问答练习

你上大学的时候参加过学校的<u>辩论</u>比赛吗？
我上大学时参加过 / 没参加过学校的辩论比赛。

这篇文章的<u>题目</u>是什么？
这篇文章的题目是……

你觉得该如何练习中文听力？
我觉得练习中文听力的方法有……

我们这篇课文辩论的是什么<u>话题</u>？
我们这篇课文辩论的是……

你开始不喜欢学中文，现在态度怎么<u>转变</u>了？
我态度转变是因为……

在买卖合同中，谁是<u>甲方</u>？谁是乙方？
在买卖合同中，一般买方是甲方，卖方是乙方。

这篇课文中，甲方观点是什么？
这篇课文中，甲方观点是……

那个桌子是<u>方</u>的吗？
那个桌子是 / 不是方的。

"女人必须做饭"的<u>观点</u>对吗？
"女人必须做饭"的观点对 / 不对。

你是学<u>人类学</u>的吗？
我是 / 不是学人类学的。

现代汉语的<u>基本</u>知识，你都学会了吗？
现代汉语的基本知识，我都学会了 / 没有都学会。

我们不是应该换个<u>角度</u>看问题吗？
我们是该从多个角度看问题。

你小时候的理想是什么？现在<u>实现</u>了吗？
我小时候的理想是……，现在实现了 / 没实现。

现在的生活能让你感到满足吗？
现在的生活能 / 不能让我感到满足。

你觉得外星人存在吗？
我觉得外星人存在 / 不存在。

你觉得中国古代的衣服好看吗？
我觉得中国古代的衣服好看 / 不好看。

你家的洗衣机是哪国生产的？
我家的洗衣机是……生产的。

你觉得亚洲最落后的国家是哪个？
我觉得亚洲最落后的国家是……

你觉得老年人还需要奋斗吗？
我觉得老年人需要 / 不需要奋斗。

你上次看的足球比赛的双方都是谁？
我上次看的足球比赛的双方是……

你们家是轮流做饭吗？
我们家是 / 不是轮流做饭。

开会的时候你常发言吗？
开会的时候我常 / 不常发言。

这次迟到，你的理由是什么？
这次迟到，我的理由是……

今年黄金比去年贵吗？
今年黄金比 / 没去年贵。

你用过银筷子吗？
我用过 / 没用过银筷子。

你父母会把财产留给你吗？
我父母会 / 不会把财产留给我。

你经常买高档服装吗？
我经常 / 不经常买高档服装。

你买得起豪华汽车吗？
我买得起 / 买不起豪华汽车。

一个人的生活让你觉得寂寞吗？
一个人的生活让 / 没让我觉得寂寞。

你觉得生命的意义是什么？
我觉得生命的意义是……

你的女儿毕竟还是个孩子，你为什么总批评她？
……

你赞成明天加一次课吗？
我赞成 / 不赞成明天加一次课。

你和别人相处时，常站在对方的角度考虑问题吗？
我和别人相处时，常 / 不常站在对方的角度考虑问题。

你觉得今天的问答练习，同学们回答得热烈吗？
我觉得今天的问答练习，同学们回答得很 / 不热烈。

他唱歌那么难听，你为什么还鼓掌呢？
他唱歌那么难听，我还鼓掌是因为……

你了解中国的近代历史吗？
我了解 / 不了解中国的近代历史。

到中国<u>以来</u>，你觉得最开心的事是什么？
到中国以来，我觉得最开心的事是……

你觉得我们的学习环境需要<u>改善</u>吗？
我觉得我们的学习环境需要 / 不需要改善。

第一次世界<u>战争</u>发生在哪年？
第一次世界战争发生在 1914 年。

你的家乡发生过<u>地震</u>吗？
我的家乡发生过 / 没发生过地震。

随着科学技术的提高，你觉得自然<u>灾害</u>会完全没有了吗？
我觉得随着科学技术的提高，自然灾害会 /
不会完全没有了。

感冒病毒会<u>威胁</u>人的生命吗？
感冒病毒会 / 不会威胁人的生命。

英国<u>国王</u>是男的还是女的？
英国国王是女的。

你们国家现在的<u>总统</u>是谁？
我们国家现在的总统是……

你们国家总理姓什么？
我们国家总理姓……

你怎么<u>面对</u>困难？
我会……

地震的时候<u>躲藏</u>到什么地方最安全？
地震的时候躲藏到……最安全。

你觉得总统的<u>权力</u>大还是总理的权力大？
我觉得总统 / 总理的权力大。

你是<u>政府</u>工作人员吗？
我是 / 不是政府工作人员。

你觉得全世界的人都喜欢和平吗？
我觉得全世界的人都 / 不都喜欢和平。

你觉得<u>道德</u>重要还是法律重要？
我觉得道德 / 法律重要。

成功最大的<u>敌人</u>是什么？
成功最大的敌人是……

你觉得我们国家和你们国家的<u>外交</u>关系怎么样？
我觉得我们国家和你们国家的外交关系很好 /
不好。

你们学校有<u>军事</u>课吗？
我们学校有 / 没有军事课。

大家的<u>力量</u>是不是比你一个人大？
大家的力量是比我一个人大 / 没我一个人大。

有什么办法可以<u>避免</u>争吵？
避免争吵的办法有：……

这场晚会是你们公司和哪儿<u>联合</u>举办的？
这场晚会是我们公司和……联合举办的。

这个周末你可以<u>组织</u>大家去看电影吗？
这个周末我可以 / 不可以组织大家去看电影。

<u>逃避</u>是解决问题的办法吗？
逃避是 / 不是解决问题的办法。

生活为什么要有规律？

生活要有规律，因为……

你是通过学这套书，从而考过 HSK 五级的吗？

我是 / 不是通过学这套书，从而考过 HSK 五级的。

如果你不来中国，你觉得最大的损失是什么？

如果我不来中国，我觉得最大的损失是……

你学汉语的下一个挑战是什么？

我学汉语的下一个挑战是……

你在工作中常和什么人打交道？

我在工作中常和……打交道。

你在哪个领域工作？

我在……领域工作。

我们可以交换一下书吗？

我们可以 / 不可以交换书。

你学初级汉语学了几年？

我学初级汉语学了……年。

你喜欢哪个阶段的自己？

我喜欢……

飞机升空了吗？

飞机升空了 / 还没升空。

你能爬到山顶吗？

我能 / 不能爬到山顶。

你觉得自己最近学汉语的表现怎么样？

我觉得自己最近学汉语的表现……

我今天所说的你都听懂了吗？

你今天所说的我都听懂了 / 没都听懂。

这个故事告诉我们什么道理？

这个故事告诉我们……

你上次参加的辩论比赛激烈吗？

我上次参加的辩论比赛很激烈 / 不激烈。

谁来归纳一下今天上课的内容？

……来归纳一下今天上课的内容。

你喜欢你们国家哪个时期的社会生活？

我喜欢我们国家……时期的社会生活。

你最喜欢哪个年代的中国电影？

我最喜欢……年代的中国电影。

你最常思考的问题是什么？

我最常思考的问题是……

⚙ 四、练习

1. 听力：请选出正确答案。

① A 一个国家应该增强军事力量　　　B 一个国家的军事力量不重要

　　C 人类应该联合起来，保护和平　　D 人类应该联合起来，和大自然战争

② A 让美国经济有所改善了

   B 家里很有钱

   C 他的怎么做好总统的观点和多数美国人一样

   D 很顺利就当上了总统

③ A "我"十几岁时价格最低   B 最低时也两百多

   C 价格有降有升   D 价格一直没变

④ A 古代中国就有很多黄金   B 黄金就是钱

   C 黄金比白银值钱   D 现在黄金每克70多元

2. 阅读

（1）请选出正确答案。

在一些国家，很多孩子认为父母的（　　　　　）将来一定是自己的，而另一些国家的孩子很少有人这么想。这到底是文化的差别，还是教育的问题，或者是社会环境的原因呢？请大家写出自己的观点，并从各个角度思考一下，我会归纳大家的观点，下次见面我们轮流发言，希望能有一场（　　　　　）的辩论。

⑤ A 财产   B 衣服   C 责任   D 权力

⑥ A 强烈   B 温暖   C 激烈   D 热烈

（2）请选出正确答案。

⑦ 国王娶了新老婆，从而给美丽、可爱、好心的白雪公主带来了无法避免的苦难，因为这个新老婆把白雪公主当敌人，总希望自己更美丽。白雪公主一次又一次逃避了新妈妈对她的伤害，在好心人的帮助下，战胜了坏妈妈。所以，好人一定会得到好的结果，你认为这句话有道理吗？

   A 作者认为好人就能得到好的结果这句话很有道理

   B 白雪公主的新妈妈是个好人

   C 国王把白雪公主当敌人

   D 白雪公主得到了很多人的帮助

（3）请选出正确答案。

初级汉语学习阶段，对学生来说最重要的是怎么能爱上汉语，这也是对老师最大的挑战，教和学的双方要一起为实现这一点而努力。

学生们刚和汉语打交道，如何能提高他们的兴趣呢？那就是能把学过的知识用到生活中。如何能用到生活中呢？那就要先用在和老师的沟通中。老师有责任记住学生学过的每一个词，每次课都用学过的词和学生交流几分钟，而且对学生的表现多表扬。学生自己呢？除了使用课上的机会和老师练习，还要自己找机会在生活中练习。每次课学生词的意义不光是多知道了几个词，还告诉学生和老师们，我们可以说更多的句子，可以谈更多的话题。

说汉语是一种能力，这种能力是说出来的，不是学出来的。学生说多了，不但可以熟悉句子的规律，还可以学会组织句子。真正能把学过的词自己组织起来才算真正学会了汉语。课本上的东西是为了让我们了解汉语的基础知识，生活中的使用才能让学生们明白什么是真正的汉语。

⑧ 这篇短文告诉我们，怎么让学生喜欢汉语？

　　A 汉语书要漂亮　　　　　　　　B 让学生感觉到学过的汉语有用

　　C 多做汉语游戏　　　　　　　　D 汉语听说读写都要先学简单的

⑨ 从这篇短文，我们可以知道什么？

　　A 让学生喜欢汉语很容易　　　　B 学生是否喜欢汉语完全是老师的责任

　　C 学汉语的学生都喜欢学汉语　　D 学生和老师都要为学生学好汉语而努力

3. 书写

（1）完成句子。

⑩ 我　　领域　　工作　　在　　教育

⑪ 这次　　很　　损失　　地震中的　　严重

（2）写短文。

⑫ 请结合下列词语（要全部使用），写一篇40字左右的短文。

　　年代　　生产　　落后

⑬ 请结合这张图片写一篇 40 字左右的短文。

⊕ 一、词语

1.	rénkǒu 人口	（名）	population	人口数量
2.	nóngyè 农业	（名）	agriculture	农业生产
3.	fēi 非	（动）	not	答非所问
4.	gōngyuán 公元	（名）	the Christian era	公元前
5.	zhǔxí 主席	（名）	chairman	毛泽东主席
6.	zhìdìng 制定	（动）	formulate	制定计划
7.	zǔchéng 组成	（动）	compose	我们班由 23 个学生组成
8.	bāokuò 包括	（动）	include	全部教师，包括退休老师，都来参加大会
9.	cóngshì 从事	（动）	engage	从事教育工作
10.	láodòng 劳动	（名 / 动）	work	脑力劳动 / 我在劳动
11.	shǔ/shù 数	（动 / 名）	count; number	数钱 / 房间数
12.	nóngcūn 农村	（名）	countryside	农村人口
13.	tǔdì 土地	（名）	land	土地污染
14.	nóngmín 农民	（名）	farmer	农民工
15.	shēnfèn 身份	（名）	identity	工人身份
16.	gōngrén 工人	（名）	worker	制造业工人
17.	yì 亿	（数）	hundred million	13 亿人口
18.	bǐlì 比例	（名）	proportion	比例是 3 比 2
19.	jiējìn 接近	（动 / 形）	approach; close	他想接近她 / 这两个数很接近
20.	lǎobǎn 老板	（名）	boss	我的老板

21.	wǎngfǎn 往返	（动）	come and go	往返需要 3 个小时
22.	chángtú 长途	（名）	long-distance	长途汽车
23.	gōngjù 工具	（名）	tool	工具书
24.	jíqí 极其	（副）	extremely	极其高兴
25.	shēn 伸	（动）	extend	伸腿
26.	zhěngqí 整齐	（形）	in order	整齐干净
27.	wūzi 屋子	（名）	room	我的屋子
28.	kějiàn 可见	（动）	can be seen	这种东西到处可见
29.	zhìzào 制造	（动）	manufacture	制造汽车
30.	gōngchǎng 工厂	（名）	factory	手机工厂
31.	gāojí 高级	（形）	advanced, high-level	高级宾馆
32.	fēnbù 分布	（动）	distribute	分布全国
33.	bàngwǎn 傍晚	（名）	dusk, nightfall	傍晚有小雨
34.	piàn 片	（量 / 名）	(measure word) piece, film	一片面包 / 故事片 / 名片
35.	àn 暗	（形）	dark	天色暗了
36.	liàng 亮	（形）	bright	心明眼亮 / 天亮了
37.	yè 夜	（名）	night	几夜没有睡好
38.	fǎnyìng 反映	（动）	reflect	这个电影反映了现在的现实生活
39.	chājù 差距	（名）	gap	差距大小
40.	zhúbù 逐步	（副）	step by step	逐步提高
41.	suōduǎn 缩短	（动）	shorten	缩短距离

42.	píngjūn 平均	（动/形）	average	平均每班 15 个人 / 平均分成 4 组
43.	dádào 达到	（动）	achieve	达到目的
44.	rénmínbì 人民币	（名）	RMB	人民币越来越值钱
45.	fànwéi 范围	（名）	scope	读书范围
46.	jùtǐ 具体	（形）	specific	内容很具体
47.	shùjù 数据	（名）	data	具体数据
48.	xiāngguān 相关	（动）	relate to	相关人员
49.	bàogào 报告	（名）	report	活动报告
50.	céngjīng 曾经	（副）	ever	她曾经来过中国
51.	dāngdì 当地	（形）	local	我是当地人
52.	tiānkōng 天空	（名）	sky	天空中的云
53.	yóulǎn 游览	（动）	go sightseeing	游览天安门
54.	míngshèng-gǔjì 名胜古迹	（名）	scenic spots and historical sites	游览名胜古迹
55.	zhěngtǐ 整体	（名）	whole	部分与整体
56.	zhuàngkuàng 状况	（名）	condition	生活状况
57.	fánróng 繁荣	（形）	blooming	繁荣发展
58.	lèguān 乐观	（形）	optimistic	乐观向上
59.	zhuī 追	（动）	pursue	你走太快了，我追不上你
60.	Ōuzhōu 欧洲	（名）	Europe	欧洲人民
61.	fādá 发达	（形）	developed	商业发达
62.	jiānjù 艰巨	（形）	arduous	艰巨的任务

63.	gōngyè 工业	（名）	industry	重工业与轻工业
64.	zhěnggè 整个	（形）	entire	整个社会
65.	réncái 人才	（名）	talented people	优秀人才
66.	shèbèi 设备	（名）	device	工业设备
67.	xiàolǜ 效率	（名）	efficiency	生产效率
68.	chōngfèn 充分	（形）	sufficient	理由充分
69.	lìyòng 利用	（动）	take advantage of; use	利用关系
70.	zīyuán 资源	（名）	resource	生活资源
71.	xīshōu 吸收	（动）	absorb	吸收食物
72.	shèshī 设施	（名）	facility	基础设施
73.	jūnyún 均匀	（形）	even	人口分布均匀
74.	zhǎnkāi 展开	（动）	spread out; unfold	展开翅膀
75.	jiànshè 建设	（动）	construct	建设大桥
76.	zìdòng 自动	（副）	automatically	水自动地往下流
77.	chuánshuō 传说	（名）	legend	那只是个传说

补充词语 / **Supplementary words**

78.	Máo Zédōng 毛泽东	（名）	Mao Zedong	
79.	fǔyǎng 抚养	（动）	raise; bring up	抚养孩子
80.	zhīshi fènzǐ 知识分子	（名）	intellectual	知识分子爱学习
81.	gè dì 各地		from place to place	全国各地

	pái			
82.	排	（名）	row	第一排
	xiān jìn			
83.	先进	（形）	advanced	先进经验

 二、对话

A：中国人口中，农业和非农业有什么区别呢？

B：中国人口制度是公元1958年毛泽东主席时期制定的，中国人口由农业人口和非农业人口组成。农业人口是指靠农业生产而生活的全部人口。它包括实际从事农业生产劳动的人口和由从事农业生产劳动的人口抚养的人口。农业人口以前多数生活在农村，有土地，主要是农民。非农业人口没有土地，多数生活在城市，身份是工人、知识分子等等。中国现在有13多亿人口，农业人口有6亿，比例接近一半。

A：现在中国的农村生活落后吗？

B：很多农村人都来城市打工生活了，有的还当了大老板。往返城市和农村的长途交通工具极其方便。现在的农村，条条大路伸向远方，整齐漂亮的屋子到处可见，制造行业的小工厂越来越多，高级汽车也分布各地；傍晚的农村不再一片黑暗，排排路灯点亮了夜生活……这些都反映了农村生活和城市生活的差距在逐步缩短。

A：农民每年的收入平均能达到人民币多少元？

B：全国范围内，具体数据我也不清楚，我可以去看看相关报告，但我知道在逐步上升。

A：我曾经去过一次农村，我觉得当地农民很善良、很热情，那里的天空也很蓝。我游览的是一个名胜古迹，虽然不能代表农村整体状况，但可以看到农村旅游业的繁荣。

B：中国现在的农村的确有很大变化，但也不能太乐观，追上欧洲发达国家，例如你们国家，任务还是很艰巨的。

A：我们国家是个工业国，农民只占整个人口的十分之一。另外，经过多年的发展，我国农业人才积累比较快，农业设备比较先进，工作效率就比较高。农村反而到处都是富人。

B：我们也会充分利用农村的资源和城市农业人才，增加各种农业设施，全面均匀展开新农村建设。不久的将来，农村和城市的差距自动消失也就不再是个传说。

三、问答练习

你们国家有多少人口？
我们国家有……人口。

你们国家农业发展得怎么样？
我们国家农业发展得很好 / 不太好。

你们公司招聘非本专业的学生吗？
我们公司招 / 不招非本专业的学生。

第一次世界战争发生在公元多少年？
第一次世界战争发生在公元 1914 年。

中国现在的国家主席姓什么？
中国现在的国家主席姓……

你对我们学校制定的制度有意见吗？
我对你们学校制定的制度有 / 没意见。

这本书是由多少课组成的？
这本书是由 20 课组成的。

人的身体都包括哪些部分？
人的身体包括……

你从事哪个行业？
我从事……行业。

明天你去图书馆参加劳动吗？
明天我去 / 不去图书馆参加劳动。

你可以用汉语从 1 数到 100 吗？
我可以 / 不可以用汉语从 1 数到 100。

他几岁开始会数数的？
他……岁开始会数数的。

你喜欢农村生活吗？为什么？
我喜欢 / 不喜欢农村生活，因为……

你家有土地吗？
我家有 / 没有土地。

你们国家的农民生活水平怎么样？
我们国家的农民生活水平很好 / 不太好。

你是什么身份？
我的身份是……

你妈妈是工人吗？
我妈妈是 / 不是工人。

你们国家的人口超过 1 亿了吗？
我们国家的人口超过 1 亿了 / 没超过 1 亿。

你们班美国学生的比例大吗？
我们班美国学生的比例很大 / 不大。

双方比分接近吗？
双方比分很接近 / 差很多。

你们公司的老板是谁？
我们公司的老板是……

你下次回国打算买往返的飞机票吗？
我下次回国打算 / 不打算买往返的飞机票。

你喜欢长途旅行还是短途旅行?

我喜欢长途旅游 / 短途旅游。

你那儿有学汉语的工具书吗?

我这儿有 / 没有学汉语的工具书。

你觉得乔布斯（Qiáobùsī, Steve Paul Jobs）
极其聪明吗?

我觉得乔布斯极其 / 不太聪明。

坐火车的时候可以把头伸到窗户外边吗?

坐火车的时候不能把头伸到窗户外面。

你家里整齐吗?

我家里很整齐 / 不太整齐。

你住的屋子大吗?

我住的屋子很大 / 不大。

这种花在你们城市到处可见吗?

这种花在我们城市到处可见。

联想电脑是哪个国家的公司制造的?

联想电脑是中国公司制造的。

你爸爸是在工厂工作吗?

我爸爸是 / 不是在工厂工作。

你的汉语水平达到高级了吗?

我的汉语水平达到高级了 / 没达到高级。

中国的人口是怎么分布的?

中国的人口分布情况是：城市多，农村少。

你喜欢傍晚的太阳吗?

我喜欢 / 不喜欢傍晚的太阳。

你今天早上吃了几片面包?

我今天早上吃了……片面包。

今天屋子里怎么这么暗?

因为灯坏了 / 阴天了 / ……

现在几点天亮?

现在……点天亮。

北京的夜景漂亮吗?

北京的夜景很漂亮 / 没有我们城市的漂亮。

同学们不爱上课反映了什么问题?

同学们不爱上课反映了……

你在乎和别人之间的差距吗?

我在乎 / 不在乎和别人之间的差距。

你觉得语言能力是逐步提高的吗?

我觉得语言能力是 / 不是逐步提高的。

现在坐飞机从北京到你们国家，时间比以前
缩短了吗?

现在坐飞机从北京到我们国家，时间比以前
缩短了 / 没缩短。

你觉得我们班学生平均年龄是多少?

我觉得我们班学生平均年龄是……

你汉语的词汇量达到多少个了?

我汉语的词汇量达到……个了。

在你们国家可以使用人民币吗?

在我们国家可以 / 不可以使用人民币。

人每分钟心跳的正常<u>范围</u>是多少下到多少下？
人每分钟心跳的正常范围是 60 下到 100 下。

你可以<u>具体</u>地说说你是怎么学中文的吗？
我学中文的方法是……

你知道学中文的学生每年增加的<u>数据</u>吗？
我知道/不知道学中文的学生每年增加的数据。

你看过 HSK 的<u>相关</u>报道吗？
我看过/我没看过 HSK 的相关报道。

你准备好明天会上的<u>报告</u>了吗？
我准备好了/我没准备好明天会上的报告。

她<u>曾经</u>是个老师吧？
她曾经是个老师。/她没有当过老师。

你是<u>当地</u>人吗？
我是/不是当地人。

外面的<u>天空</u>中有什么？
外面的天空中有……

你<u>游览</u>过长江吗？
我游览过/没游览过长江。

你知道北京有什么<u>名胜古迹</u>吗？
北京的名胜古迹有……

<u>整体</u>上来说，你觉得你们国家的经济怎么样？
整体上来说，我觉得我们国家的经济很好/
不太好。

你最近的身体<u>状况</u>怎么样？
我最近的身体状况很好/不太好。

你觉得中文教育市场<u>繁荣</u>吗？
我觉得中文教育市场很繁荣/不繁荣。

你是个<u>乐观</u>的人吗？
我是/不是个乐观的人。

你和你女朋友谁<u>追</u>的谁？
我和我女朋友我追的她/她追的我。

<u>欧洲</u>有多少个国家？
欧洲有 44 个国家。

你们国家是<u>发达</u>国家还是发展中国家？
我们国家是发达/发展中国家。

你完成的最<u>艰巨</u>的任务是什么？
我完成的最艰巨的任务是……

你们国家是<u>工业</u>国还是农业国？
我们国家是工业国/农业国。

你住的房子是<u>整个</u>租下来的吗？
我住的房子是/不是整个租下来的。

你认识市场销售<u>人才</u>吗？
我认识/不认识市场销售人才。

我们学校的的空调<u>设备</u>怎么样？
你们学校的空调设备很好/不太好。

你的学习<u>效率</u>高吗？
我的学习效率很高/不高。

你是经过<u>充分</u>考虑才来中国的吗？
我是经过充分考虑了才来中国的。/我没经过
充分考虑就来中国了。

你觉得利用别人是缺点吗？

我觉得利用别人是 / 不是缺点。

你们国家水资源丰富吗？

我们国家水资源丰富 / 不太丰富。

什么食物吃了不好吸收？

吃了不好吸收的食物有……

你们国家美丽的传说多吗？

我们国家美丽的传说很多 / 不多。

你快跑后呼吸也很均匀吗？

我快跑后呼吸也很 / 不太均匀。

今年的"汉语桥"比赛全面展开了吗？

今年的"汉语桥"比赛全面展开了 / 还没展开。

你知道我们这座楼是哪年建设的吗？

我知道 / 不知道你们这座楼是哪年建设的。

这个空调可以自动开关吗？

这个空调可以 / 不可以自动开关。

你们国家教育设施怎么样？

我们国家教育设施很好 / 不太好。

四、练习

1. 听力：请选出正确答案。

① A 她喜欢中国的名胜古迹   B 她喜欢了解中国人的生活

    C 她喜欢中国的所有文化   D 中国的名胜古迹没什么历史意义

② A 学习时间比学习效率重要   B 学习效率比学习时间重要

    C 学习时间和学习效率都重要   D 会休息的人才会学习

③ A 在农村打工的人   B 在农村工作而且有农业资源的人

    C 出生在农村的人   D 出生在农村而且在农村打工的人

④ A 欧洲农民的意思和中国农民的意思差不多

    B 欧洲农民的身份地位在欧洲比中国农民的身份地位在中国高

    C 欧洲工人的意思和中国工人的意思差不多

    D 欧洲工人的身份地位在欧洲比中国工人的身份地位在中国高

2. 阅读

（1）请选出正确答案。

    近年来的具体（   ）都反映人民币在国际上一直在升值，最高达到 1 美元等于 6.09 元人民币；但在中国范围内，经济报告却告诉我们，人民币越来越不值钱了。这种（　　　）是因为中国的物价上升，所以人民币不值钱了；而国际上，由于经济原因，美元越来越不值钱，所以人民币升值。

⑤ A 报告　　　　　B 数据　　　　　C 情况　　　　　D 比例

⑥ A 条件　　　　　B 状况　　　　　C 理由　　　　　D 数据

（2）请选出正确答案。

⑦ 人与人之间有差距很正常，否则整个世界上那么多人口不是很无聊？差距让我们看到彼此身上的不同，增加新鲜感，学习对方的优点，帮助对方认识自己的缺点。当然，差距也容易产生矛盾，但理解和尊重可以减少矛盾的产生。差距缩短后，人与人之间的关系更亲近了，新鲜感也逐步消失了。

A 人与人之间的差距给我们带来很多好处

B 人与人之间的差距给我们带来很多坏处

C 差距产生的矛盾都可以消失

D 差距可以让我们更优秀

（3）请选出正确答案。

　　建设新农村对很多发展中国家来说，是个艰巨的任务，工业化设施、高级设备、专业人才是必须的。特别是一些农村分布较广的国家，农业繁荣了，国家整体经济也就有希望了。接近、甚至追赶上发达国家也就不再只是个传说了。

　　农业工业化是一个社会经济发展的方向，其发展过程中一个重要特点就是自动化。自动化提高了效率，减少了人力。

　　工业化需要高级设备，这和科学技术的发展是分不开的。发达国家的农村，先进设备到处可见。

　　专业人才也极其重要，有了他们，先进的技术和设备才能更好地工作，才能达到我们希望的效果。

　　帮助发展中国家建设新农村，不但是发展中国家的需要，也是全球经济的需要。这是个需要积极、迅速展开的工作。

⑧ 这篇短文告诉我们，发展中国家怎么建设新农村？

　　A 由专业人才展开农村工业化建设　　　B 寻求发达国家的帮助

C 把城市的工业化技术带到农村　　　D 派专业人才去发达国家学习

⑨ 从这篇短文，我们可以知道什么？

A 一个国家发展经济还是要靠自己　　B 农村专业人才不够

C 发展中国家建设新农村是世界的需要　D 先进设备都是发达国家制造的

3. 书写

（1）完成句子。

⑩ 学生会　　制定　　主席　　负责　　这些制度

⑪ 那个小孩　　腿　　睡觉时　　伸得　　很直

（2）写短文。

⑫ 请结合下列词语（要全部使用），写一篇 40 字左右的短文。

片　　天空　　傍晚

⑬ 请结合这张图片写一篇 40 字左右的短文。

单元练习一

1. 听力：请选出正确答案。

① A 她不想举行婚礼　　　　　　　　B 二月太晚了
　 C 她想晚点举行婚礼　　　　　　　D 她的好朋友不能来参加婚礼

② A 她们的矛盾很小　　　　　　　　B 女的要求男的去解决矛盾
　 C 男的的妈妈觉得女的很传统　　　D 男的的妈妈想让男的和女的离婚

③ A 怕冷　　　　　　　　　　　　　B 喜欢去酒吧
　 C 不想睡觉了　　　　　　　　　　D 不想出去

④ A 来的专家不多　　　　　　　　　B 学到了很多东西
　 C 希望还去参加俱乐部活动　　　　D 希望女的下次也去俱乐部

⑤ A 上午　　　　　　　　　　　　　B 中午
　 C 下午　　　　　　　　　　　　　D 晚上

⑥ A 不饿　　　　　　　　　　　　　B 想吃辣椒炒海鲜
　 C 不爱吃海鲜　　　　　　　　　　D 爱吃油炸豆腐

⑦ A 他们在饭馆儿　　　　　　　　　B 他们在宾馆
　 C 男的想买飞机票　　　　　　　　D 他们在开会

⑧ A 她认为损失不如生命重要
　 B 她认为自然灾害不可避免
　 C 她知道这次地震损失不大
　 D 她知道为什么这两年发生那么多自然灾害

⑨ A 他吃饺子喜欢放醋　　　　　　　B 他吃饺子喜欢放酱油
　 C 他喜欢吃咸的　　　　　　　　　D 他喜欢吃淡的

⑩ A 去看外公、外婆　　　　　　　　B 回自己的家乡
　 C 留在北京　　　　　　　　　　　D 去男的的家乡

⑪ A 公司　　　　　　　　　　　　　B 学校
　 C 商店　　　　　　　　　　　　　D 医院

⑫ A 硬、休闲、黑色　　　　　　　　B 软、古典、白色
　 C 软、现代、黑色　　　　　　　　D 软、现代、红色

⑬ A 我学习成绩好　　　　　　　　　B 如果熬夜，第二天没精神
　 C 生病了　　　　　　　　　　　　D 妈妈不让我熬夜

⑭ A 问老师我的学习情况　　　　　　B 我成绩不好的时候，批评我

　　C 每天和我一起做作业　　　　　　D 我成绩好的时候，鼓励我

⑮ A 我不喜欢妈妈的教育方法　　　　B 我喜欢熬夜复习

　　C 妈妈不关心我的学习　　　　　　D 在学习上，妈妈经常鼓励我

2. 阅读

（1）请选出正确答案。

　　我和我女朋友打算下个月举行婚礼。我很高兴她能（　　　　）给我。她是个孝顺的（　　　　），对长辈都很尊重；她也很善良，经常帮助别人。我们决定，结婚后一起（　　　　）家务，一起努力工作，关心彼此的感受，（　　　　）。

⑯ A 娶　　　　　B 嫁　　　　　C 结婚　　　　　D 婚姻

⑰ A 姑娘　　　　B 姑姑　　　　C 姥姥　　　　　D 妈妈

⑱ A 享受　　　　B 计划　　　　C 争论　　　　　D 承担

⑲ A 快乐地工作　　　　　　　　B 享受酒吧生活

　　C 幸福地过日子　　　　　　　D 激烈地争吵

　　有人说，东方人交往多靠道德，西方人交往多靠法律。我觉得这其实是人与人打交道的不同阶段，道德阶段又包括感情和道理两个（　　　　）。家人之间，要先讲情，也就是感情，因为感情可以让我们感受到幸福。你爱一个人，你就会尽量给他他所需要的。如果情讲不通了，我们就去讲理，也就是讲（　　　　）。这个阶段已经有点让人觉得冷了。最后，用法律来区别对错，完全就感觉不到温度了。和外人交往正（　　　　），先讲法，再讲理，最后讲情。

⑳ A 方面　　　　B 领域　　　　C 阶段　　　　　D 角度

㉑ A 道理　　　　B 感情　　　　C 法律　　　　　D 道德

㉒ A 相同　　　　B 一样　　　　C 相反　　　　　D 差不多

（2）请选出与试题内容一致的一项。

㉓ 大家一直认为，生吃蔬菜瓜果，比煮熟了吃对身体更好。但是，专家最近的研究结果却对这个观点提出了挑战。她们发现，西红柿熟着吃就比生着吃对身体更好。

　　A 专家说西红柿生吃比熟吃对身体更好

　　B 西红柿炒鸡蛋中的西红柿比生西红柿对身体更好

C 吃西红柿对身体不好

D 生西红柿比熟西红柿好吃

㉔ 很多人喜欢睡觉时把手机放在身边，甚至还放在旁边充电。以前听说常用手机威胁人的身体健康，但又有专家说，这个结果没有得到证明。由于手机使用方便，越来越多的人已经离不开它了。最近，又有消息说，很多人的耳朵、大脑问题是用手机造成的，我们期待着最后的结果。

A 手机对人的耳朵的危害已经被证明了

B 离不开手机的人逐渐多了

C 睡觉前给手机充电是个好习惯

D 手机技术又进步了

㉕ 有一个很有名的钢琴家在战争中断了右手。面对不幸，他没有低头，反而更勇敢了。他说，虽然只剩下左手了，我也要继续弹钢琴。他勤奋练习，终于用左手弹出最好听的音乐。不幸的人，只有接受挑战，才能打赢自己。

A 战争使钢琴家断了左手

B 这个钢琴家开始时就用左手弹钢琴

C 接受挑战才能走出困难

D 勇敢就一定可以解决问题

（3）请选出正确答案。

有一个男孩儿，每天开着豪华的车，出去请朋友们在高档饭店吃、喝、玩，甚至一起和其他人吵架，享受着爸爸给的钱。

有一天，他爸爸问他：你有多少朋友？他说：我有很多。父亲说：从今天开始，你自己出去独立，和他们相处。

一开始，男孩儿觉得这根本不要紧，我和这些朋友打了这么多年交道，我们会继续交往的。现实情况是，他的朋友逐渐少了。等他丢掉工作的时候，他的朋友都消失了。

他回家告诉父亲这个情况，父亲说：你去找我的一个朋友，告诉他，你丢了工作，而且我不愿意给你钱。

男孩儿去找了爸爸的朋友，那个叔叔让男孩儿住下来，并且帮助他找工作，直到他有能力再次独立。

男孩儿终于承认，爸爸是对的。他要一辈子为交到叔叔这样的朋友而奋斗，不再交那种只是吃喝的朋友了。

㉖ 男孩儿经常和朋友在一起做什么？

A 学习 　　　　　　　　　　　　B 工作

C 吃喝 　　　　　　　　　　　　D 旅游

㉗ 男孩儿没工作后发生了什么？

A 他的朋友都愿意帮他 　　　　　B 他的朋友消失了

C 爸爸帮他找了工作 　　　　　　D 爸爸的朋友不愿意帮他

㉘ 爸爸为什么让男孩儿出去独立？

A 让男孩儿了解什么是真正的朋友　B 让男孩儿多交朋友

C 希望男孩儿可以自己照顾自己的生活　D 希望男孩儿去找女朋友

㉙ 这篇短文告诉了我们什么？

A 不要花爸爸的钱 　　　　　　　B 真正的朋友会在困难时帮你

C 不要和朋友吃喝 　　　　　　　D 爸爸的朋友比男孩儿的朋友好

　　一个女孩儿学习十分勤奋努力，每天要熬夜复习，但还是没考上大学。她妈妈鼓励她说：不要紧，说不定你提前参加工作，可以取得更大的成绩呢！

　　之后，女孩儿外出打工，经理觉得她干活儿太慢，不用她了。母亲对女儿说：干活儿总是有快有慢，别人毕竟工作了很多年，你一直在学习，怎么能快呢？

　　女儿又做了很多工作，但都没有成功。每次她伤心地回家，妈妈总说对她的表现很满意，从不抱怨。

　　三十岁，女孩儿靠着自己的语言能力开了一家外语学校，然后，又开分校，生意越做越大。

　　有一天，女孩儿问年老的母亲，是什么让她对自己那么有信心，母亲的回答很简单：一个人，不在这个地方发光，就会在那个地方发光，总能有自己的那一份收获。

　　听完母亲的话，女孩儿知道，这是一种爱的力量，这种力量转变为不断的鼓励，才有了自己的今天。

㉚ 女儿没考上大学，妈妈是什么态度？

A 生气 　　　　B 伤心 　　　　C 高兴 　　　　D 鼓励

㉛ 女儿在哪个领域成功了？

A 教育 　　　　B 研究 　　　　C 新闻 　　　　D 旅游

㉜ 妈妈为什么相信女儿?

A 她认为女儿勤奋

B 她认为女儿聪明

C 女儿听妈妈的话

D 她相信每一个人都可以找到适合自己的工作

㉝ 这篇文章中, 真正的起作用的爱的力量是什么?

A 支持　　　　　B 鼓励　　　　　C 抱怨　　　　　D 批评

3. 书写

（1）完成句子。

㉞ 他的　　很　　汉语说得　　了不起

㉟ 最好　　沟通　　感情交流的　　是　　方式

㊱ 十分　　每个妈妈　　疼爱　　都　　自己的孩子

㊲ 这次传播的　　什么　　病毒　　是　　类型的

㊳ 老人的　　观点　　消费　　比较　　保守

（2）写短文

㊴ 请结合下列词语（要全部使用），写一篇80字左右的短文。

炒　　清淡　　地道　　酱油　　口味

⑩ 请结合这张图片写一篇80字左右的短文。

一、词语

1.	wénxué 文学	（名）	literature	中国文学
2.	zuòpǐn 作品	（名）	works	文学作品
3.	zhǒnglèi 种类	（名）	type	种类很多
4.	jīngdiǎn 经典	（名）	classics	经典音乐
5.	tǎnshuài 坦率	（副）	frankly	坦率地交换意见
6.	liúchuán 流传	（动）	spread, circulate	到处流传
7.	liánghǎo 良好	（形）	good	成绩良好
8.	yuànwàng 愿望	（名）	wish	良好的愿望
9.	xiǎnrán 显然	（形）	obvious	道理显然是这样
10.	huòxǔ 或许	（副）	perhaps	或许我再待两三天
11.	wénzì 文字	（名）	character, script	文字优美
12.	miáoxiě 描写	（动）	describe	风景描写
13.	yōuměi 优美	（形）	graceful	优美的身材
14.	jīngyíng 经营	（动）	operate	经营公司
15.	chíxù 持续	（形）	sustainable	持续发展
16.	péiyǎng 培养	（动）	cultivate	培养大学生
17.	shēnkè 深刻	（形）	profound	深刻的记忆
18.	tǐhuì 体会	（动/名）	appreciate from experience; experience	深刻体会 / 交流体会
19.	qīngchūn 青春	（名）	youth	青春时期

20.	niánjì 年纪	（名）	age	多大年纪
21.	dānchún 单纯	（形）	pure	性格单纯
22.	fēngkuáng 疯狂	（动）	be insane	疯狂行为
23.	xíngwéi 行为	（名）	behavior	思想行为
24.	qīngyì 轻易	（形）	easy	不可能轻易学会
25.	fēnshǒu 分手	（动）	be apart; break up	他和女朋友分手了
26.	shíhuà 实话	（名）	truth	实话有时候不好听
27.	shēncái 身材	（名）	stature, figure	好身材
28.	miáotiao 苗条	（形）	slim	身材苗条
29.	límǐ 厘米	（量）	centimeter	你身高多少厘米
30.	zhēnxī 珍惜	（动）	treasure	珍惜友情
31.	zhùcè 注册	（动）	register	注册网站
32.	chuī 吹	（动）	blow; break up	吹火／我们吹了
33.	gùdìng 固定	（形）	fixed	固定收入
34.	cuī 催	（动）	urge	催她吃饭
35.	zhǔdòng 主动	（形）	of one's own accord	主动学习
36.	piāo 飘	（动）	flutter, float	纸在空中飘
37.	wúsuǒwèi 无所谓	（动）	not matter	无所谓好、无所谓坏
38.	xuélì 学历	（名）	education background	本科学历
39.	dìwèi 地位	（名）	position	国际地位
40.	bèijǐng 背景	（名）	background	社会背景

41.	cìyào 次要	（形）	secondary; less important	次要地位
42.	rè'ài 热爱	（动）	love deeply	热爱工作
43.	jùbèi 具备	（动）	possess	具备参加比赛的条件
44.	jiàzhí 价值	（名）	value	商品价值
45.	xiāngsì 相似	（形）	similar	他们长得很相似
46.	zǔhé 组合	（动/名）	combine; combination	组合家具 / 音乐组合
47.	zhōngjiè 中介	（名）	intermediary	中介公司
48.	zuòwéi 作为	（介/动/名）	as; to be; action	作为朋友，我要帮他 / 我把他作为朋友看 / 自己对自己的作为负责
49.	fēngxiǎn 风险	（名）	risk	风险意识
50.	yíngyè 营业	（动）	do business	营业时间
51.	zhízhào 执照	（名）	license	营业执照
52.	shàngdàng 上当	（动）	be tricked	上当受骗
53.	mòshēng 陌生	（形）	unfamiliar	陌生人
54.	zhèngjiàn 证件	（名）	papers, certificate	身份证件
55.	xīnshǎng 欣赏	（动）	appreciate	欣赏音乐
56.	mìngyùn 命运	（名）	fate	公司的命运
57.	zhǎngwò 掌握	（动）	master	掌握规律
58.	gèrén 个人	（名）	individual	个人爱好
59.	shǎndiàn 闪电	（名）	lightning	一道闪电
60.	màoxiǎn 冒险	（动）	take risk	最好不要去冒险

61.	gǎnjī 感激	（动）	be grateful	感激大家的帮助
62.	chéngkěn 诚恳	（形）	sincere, genuine	态度诚恳
63.	cùjìn 促进	（动）	promote	促进生产
64.	chéngzhǎng 成长	（动）	grow up	健康成长
65.	jǐnkuài 尽快	（副）	as soon as possible	尽快完成作业

补充词语 / **Supplementary words**

66.	yú 于	（介）	at, in, from, to	毕业于北京大学
67.	pǐnzhì 品质	（名）	quality, character	人的品质 / 品质好的衣服
68.	yǒngyuǎn 永远	（副）	forever	我们永远是好朋友
69.	shǎnhūn 闪婚	（动）	marry after short time date	我不在乎闪婚

 二、对话

A：你喜欢什么类型的文学作品？

B：我喜欢的文学作品种类很多，但我最喜欢关于爱情的，特别是经典爱情故事。

A：坦率讲，我觉得经典爱情故事之所以流传，是因为那是人们的良好愿望，现实生活中显然是不存在的。或许文字的描写是优美的，但其中的内容是不真实的。它们开始于恋爱，结束于各种原因的分开，没有一个是描写婚姻生活的。婚姻是要不断经营的，爱情也是要持续培养的。

B：您为什么理解得这么深刻呢？

A：我更多地体会了社会的现实。青春时期的感情与婚姻无关，那个年纪的孩子，像你们，是单纯的，有时候甚至做出一些疯狂的行为，但轻易就会说分手。

B：说实话，我们男同学都会追身材苗条、皮肤白净的女孩子，身高不能低于162厘米，学习成绩还要好。因为年轻，不懂珍惜，所以很容易就分手了。我姐姐现在到了同龄人大多已注册结婚的年龄，交过的男朋友都吹了，没有固定的男朋友，我父母很着急，总是催她主动一点，别总这么飘着。我姐姐却还是无所谓的态度。

A：要结婚时考虑的就会多了，学历、收入、地位、背景等等。但我认为，这些都是次要的，热爱生活、诚实可靠是必须要具备的品质，价值观相似的组合更容易幸福。

B：现在认识人的方式很多，除了亲戚朋友介绍以外，听说婚姻中介作为一个新的行业也繁荣发展起来了。

A：通过中介是有一定风险的，一定要看公司的营业执照。在网上注册的更要避免上当，和陌生人见面要先看证件。

B：国际婚姻越来越多，您怎么看呢？

A：外国人，特别是欧美人，更在乎感情，我很欣赏这一点。但我们有自己的文化。我常听说，婚姻可以改变一个人的命运，但我认为，掌握命运的永远是自己。无论是国际婚姻还是国内婚姻，两个人的幸福是最重要的。

B：您怎么看闪婚呢？

A：我个人认为，闪婚是冒险的行为。

B：我很感激您今天和我说的话。这些话都很诚恳，它一定能促进我的成长，使我尽快在感情方面成熟起来。

 三、问答练习

你最喜欢哪部文学作品？

我最喜欢的文学作品是……

您最骄傲的作品是什么？

我最骄傲的作品是……

附近商店苹果的种类多吗？

附件商店苹果的种类很多／不太多。

你觉得哪部小说算是经典？

我觉得……算是经典。

他是个说话坦率的人吗？

他是／不是个说话坦率的人。

流传下来的东西就一定是好东西吗？

流传下来的东西一定／不一定是好东西。

在你们国家，空气质量良好的天数多吗？

在我们国家，空气质量良好的天数很多／不多。

今年你有什么愿望？

我今年的愿望是……

他<u>显然</u>不是中国人吧？

他显然不是 / 是中国人。

他<u>或许</u>是美国人吧？

他或许是 / 不是美国人。

那篇文章的<u>文字</u>描写怎么样？

那篇文章的文字描写很优美 / 不优美。

你喜欢看<u>描写</u>感情的文章吗？

我喜欢 / 不喜欢看描写感情的文章。

你跳舞跳得<u>优美</u>吗？

我跳舞跳得很优美 / 不优美。

你们公司<u>经营</u>什么？

我们公司经营的是……

到现在我们<u>持续</u>学习多长时间了？

到现在我们持续学习……了。

好的学校就能<u>培养</u>出好的学生吗？为什么？

好的学校就能 / 不一定能培养出好的学生，
因为……

你觉得自己对哪个电影的<u>理解</u>最深刻？

我觉得自己对……的理解最深刻。

你能<u>体会</u>到父母的辛苦吗？

我能 / 不能体会到父母的辛苦。

浪费<u>青春</u>的人将来会后悔吗？

浪费青春的人将来会后悔。/……

在你们国家男的多大<u>年纪</u>可以退休？

在我们国家男的退休的年纪是……

<u>单纯</u>善良的人在社会上容易受骗吗？

单纯善良的人在社会上容易 / 不容易受骗。

你是不是<u>疯狂</u>地爱上了电脑游戏？

我是爱上了 / 没有受上电脑游戏。

什么是<u>行为</u>艺术？

行为艺术是……

为什么老年人会<u>轻易</u>上当呢？

老年人会轻易上当是因为……

你为什么跟他 / 她<u>分手</u>了？

因为……

我们必须<u>句句</u>说实话吗？

我们必须 / 不一定句句说实话。

你觉得她<u>身材</u>怎么样？

我觉得她身材很好 / 不好。

我的身材<u>苗条</u>吗？

你的身材很苗条 / 不苗条。

你有 160 <u>厘米</u>高吗？

我有 / 没有 160 厘米高。

什么样的朋友值得我们<u>珍惜</u>呢？

值得我们珍惜的朋友有……

你在我们学校的网站<u>注册</u>了吗？

我在你们学校的网站注册了 / 没注册。

你今天早上<u>吹</u>头发了吗？

我今天早上吹头发了 / 没吹头发。

你有固定工作吗?

我有 / 没有固定工作。

银行催你还钱了吗?

银行催我还钱了 / 没催我还钱。

你常常主动练习汉语听力吗?

我常常 / 不常主动练习汉语听力。

秋天树上的叶子是先变黄再飘下来还是先飘下来再变黄?

秋天树上的叶子是先变黄再飘下来 / 先飘下来再变黄。

当别人对资源浪费感到无所谓时,你会难过吗?

我会 / 我不会难过。

你的最高学历是什么?

我的最高学历是……

你觉得身份地位与幸福有关系吗?

我觉得身份地位与幸福有关系 / 没关系。

你认为家庭背景会影响一个人的性格吗?

我认为家庭背景会 / 不会影响一个人性格。

你认为汉语口语与汉语听力哪个是主要的?哪个是次要的?

我认为汉语口语 / 汉语听力是主要的 / 次要的。

你热爱你的工作吗?

我热爱 / 不热爱我的工作。

去你们公司工作需要具备什么条件?

去我们公司工作需要具备的条件有……

你认为报纸上的新闻总是有价值的吗?

我认为报纸上的新闻总是 / 不总是有价值的。

语言有什么相似点?

语言的相似点是……

你最喜欢哪个音乐组合?

我最喜欢的音乐组合是……

你住的房子是从中介找的吗?

我住的房子是 / 不是从中介找的。

你是作为公司的代表来中国学习汉语的吗?

我是 / 不是作为公司的代表来中国学习汉语的。

是不是做什么事都有风险?

是 / 不是做什么事都有风险。

中国银行的营业时间是从几点到几点?

中国银行的营业时间是从……到……

你有在中国开车的执照吗?

我有 / 没有在中国开车的执照。

你认为应该怎样避免上当受骗?

我认为应该……

建筑行业对你来说是一个陌生的领域吗?

建筑行业对我来说是 / 不是一个陌生的领域。

你带证件了吗?

我带证件了 / 没带证件。

你最欣赏的人是谁?

我最欣赏的人是……

你相信命运吗？

我相信 / 不相信命运。

今天的生词你都掌握了吗？

今天的生词我都掌握了 / 没都掌握。

你的电脑是你个人的还是公司的？

我的电脑是我个人的 / 公司的。

闪电有声音吗？

闪电有 / 没有声音。

你喜欢冒险吗？

我喜欢 / 不喜欢冒险。

你感激父母的培养吗？

我感激父母的培养。/……

诚恳的态度可以帮助我们成功吗？

诚恳的态度可以 / 不可以帮助我们成功。

怎么做可以促进汉语学习呢？

促进汉语的方法有……

你的成长环境怎么样？

我的成长环境很好 / 不太好。

你可以尽快给我回信吗？

我可以 / 不能尽快给你回信。

你生于哪年？

我生于……年。

我这件毛衣的品质怎么样？

你这件毛衣的品质很好 / 不好。

人能永远活着吗？

人不能永远活着。

你们国家流行闪婚吗？

我们国家流行 / 不流行闪婚。

四、练习

1. 听力：请选出正确答案。

① A 她是硕士研究生　　　　　　　　　　B 她学经济专业

　　C 她是在这个公司的网站上看到招聘信息的　　D 她是注册会计师

② A 有很高的地位　　　　　　　　　　　B 身材苗条

　　C 出国留学　　　　　　　　　　　　　D 快乐成长

③ A 画画能力和内心世界　　　　　　　　B 画画能力和生活环境

　　C 学画画的时间和内心世界　　　　　　D 生活环境和学画画的时间

④ A 我们每个人看到的世界都一样

　　B 我们的内心世界都一样

　　C 我们的内心世界可以通过看到的反映出来

　　D 画画的人可以画出一样的画

2. 阅读

（1）请选出正确答案。

《西游记》是一个传说故事，是中国古代四大文学作品之一，种类是小说。它的文字很（　　　　），讲的是长途远行去西方的路上碰到的各种事情，是积极向上的。它告诉我们好人一定会胜利，坏人一定会失败，做人一定要善良，要帮助能力不够的人。《西游记》是古代文学史上的经典，会永远（　　　　）下去。

⑤ A 漂亮　　　　　B 优美　　　　　C 干净　　　　　D 美丽
⑥ A 继续　　　　　B 持续　　　　　C 流传　　　　　D 保留

（2）请选出正确答案。

⑦ 我们大人每天需要工作，我们能主动去工作吗？这其实可以体现出我们对工作的热爱程度。有人说，工作是生活的一部分，那他一定不会轻易放弃工作，他一定是热爱工作的。也有人说，只有工作之外的时间才是生活，才能由个人说了算，这种人一定不享受工作。你们说，我说的对吗？

A 热爱工作的人认为工作是生活的一部分
B 不热爱工作的人认为工作是生活的一部分
C 热爱工作的人不一定享受工作
D 能主动工作的人不一定享受工作

（3）请选出正确答案。

我们大家活在这个世界上都有自己的价值。那么，什么是价值，我们的价值是怎样体现出来的，如何实现自己的人生价值呢？

有人认为，一个人的物质基础好了，其生活就好了，他的价值也就随之体现出来了。也有人认为，物质生活的高低并不重要，人的价值关键在于精神方面。

其实，人类自身的价值是针对自身以外的事物而言的。换句话说，甲的价值的存在，只有通过对乙和丙所产生的作用才能体现出来。人类的价值并不在于某个个体本身所具备的条件如何好，主要看他对别人所发挥的积极作用有多大。人的价值与其所产生的作用是成正比例的，他给别人带来的好处越大，他的价值也就越大。

所以，人的价值实际上就是人所具有的能力，以及这种能力最终所产生的效果。一句话，人的价值是社会关系的产物，是人类在群体活动中思想行为的反映。也就是说，人的价值只有经过努力，然后通过具体的行动真正体现出来。

⑧ 这篇短文告诉我们，人们应该如何实现人的价值？

　　A 经过努力，体现自己帮助别人的能力

　　B 成为一个艺术家

　　C 成为老板

　　D 挣很多钱

⑨ 从这篇短文，我们可以知道什么？

　　A 人的价值和他对别人所发挥的作用成正比

　　B 人的价值与别人无关

　　C 人的价值和他对别人所发挥的作用成反比

　　D 什么也不做也能体现价值

3. 书写

（1）完成句子。

⑩ 我们　　　申请　　需要　　早点　　营业执照

⑪ 这件事　　他的　　是　　行为　　个人

（2）写短文

⑫ 请结合下列词语（要全部使用），写一篇 40 字左右的短文。

　　冒险　　上当　　尽快

⑬ 请结合这张图片写一篇 40 字左右的短文。

一、词语

1.	huáiniàn 怀念 （动）	cherish the memory of	我怀念和你在一起的日子
2.	jìyì 记忆 （名）	memory	小时候的记忆
3.	cóngqián 从前 （名）	former times	从前的事情
4.	qíngjǐng 情景 （名）	scene	当时的情景
5.	rěnbuzhù 忍不住 （动）	cannot help	忍不住哭了
6.	yíhàn 遗憾 （动）	regret	我很遗憾，你没参加比赛
7.	Guóqìngjié 国庆节 （名）	National Day	中国的国庆节是 10 月 1 日
8.	jítǐ 集体 （名）	collective	班集体
9.	zuìchū 最初 （名）	at first	这种苹果最初产于南方
10.	mèngxiǎng 梦想 （名）	dream	梦想成真
11.	yèyú 业余 （形）	spare (time); non-professional	业余时间 / 业余演出
12.	zhìyuànzhě 志愿者 （名）	volunteer	暑期志愿者
13.	miànlín 面临 （动）	face	面临问题
14.	fēnpèi 分配 （动）	distribute	分配时间
15.	jízhěn 急诊 （名）	emergency treatment	看急诊
16.	shíxí 实习 （名）	internship	实习生
17.	cānyù 参与 （动）	participate in	参与讨论
18.	zhìliáo 治疗 （动）	treat, cure	手术治疗
19.	zǔ 组 （名）	group	唱歌小组
20.	tǐyàn 体验 （动）	experience	体验生活

21.	*zhěnduàn* 诊断	（动）	diagnose	自我诊断
22.	*nèikē* 内科	（名）	internal medicine	内科号
23.	*xuè / xiě* 血 / 血	（名）	blood	热血 / 流血
24.	*shǒushù* 手术	（名）	surgery	做手术
25.	*dàiyù* 待遇	（名）	treatment	平等待遇
26.	*máobìng* 毛病	（名）	illness, problem, shortcoming	出毛病了
27.	*guàhào* 挂号	（动）	register (at a hospital)	挂号看病
28.	*dàxíng* 大型	（形）	large-scale	大型设备
29.	*jìsuàn* 计算	（动）	calculate	计算机
30.	*qǐyè* 企业	（名）	enterprise	国营企业
31.	*dānrèn* 担任	（动）	hold the post of	担任管理工作
32.	*lǐngdǎo* 领导	（动 / 名）	lead; leader	领导团队 / 担任领导工作
33.	*ruǎnjiàn* 软件	（名）	software	电脑软件
34.	*yìngjiàn* 硬件	（名）	hardware	电脑硬件
35.	*dānwèi* 单位	（名）	unit	企业单位
36.	*jiānzhí* 兼职	（动 / 名）	have a part-time job; part-time job	兼职工作 / 找兼职 / 辞去兼职
37.	*bùmén* 部门	（名）	department	管理部门
38.	*shǔbiāo* 鼠标	（名）	mouse	无线鼠标
39.	*dāndiào* 单调	（形）	monotonous	形式单调
40.	*zǒngcái* 总裁	（名）	president	总裁秘书
41.	*shùmǎ* 数码	（形）	digital	数码产品

	chǎnpǐn			
42.	产品	（名）	product	文化产品
	guān			
43.	官	（名）	officer	外交官
	yōushì			
44.	优势	（名）	superiority	发挥优势
	yùnqi			
45.	运气	（名）	luck	好运气
	jiǎnlì			
46.	简历	（名）	résumé	个人简历
	mùqián			
47.	目前	（名）	present	目前的任务
	lùqǔ			
48.	录取	（动）	enroll	录取新生
	píngděng			
49.	平等	（形）	equal	男女平等
	yònggōng			
50.	用功	（动/形）	work hard; diligent	在图书馆用功 / 他是个用功的学生
	lùnwén			
51.	论文	（名）	thesis paper; essay	毕业论文
	wúnài			
52.	无奈	（形）	having no alternative	让我无奈
	wāi			
53.	歪	（形）	askew	字写歪了
	gōngpíng			
54.	公平	（形）	fair, equitable	法律是公平的
	màoyì			
55.	贸易	（名）	trade	国内贸易
	jìnkǒu			
56.	进口	（动）	import	进口产品
	chūkǒu			
57.	出口	（动）	export	出口贸易
	hǎiguān			
58.	海关	（名）	customs	国家海关
	jīngshāng			
59.	经商	（动）	do business	弃农经商
	wùlǐ			
60.	物理	（名）	physics	物理成绩
	huàxué			
61.	化学	（名）	chemistry	化学专业
	jígé			
62.	及格	（动）	pass an exam	考试不及格

63.	chāo 抄	（动）	copy	抄作业
64.	shìjuàn 试卷	（名）	examination paper	考试试卷
65.	kèkǔ 刻苦	（形）	assiduous, hardworking	刻苦用功
66.	míngpái 名牌	（名）	name brand	名牌产品 / 名牌大学
67.	xì 系	（名）	department	物理系
68.	méitǐ 媒体	（名）	media	电视媒体
69.	zìháo 自豪	（形）	proud	为有这样的儿子而自豪
70.	bàoshè 报社	（名）	newspaper office	他是报社的编辑
71.	bàodào 报到	（动）	report for duty	新生报到
72.	biānjí 编辑	（动 / 名）	edit; editor	编辑文章 / 报纸编辑
73.	diàntái 电台	（名）	broadcasting station	广播电台
74.	běnlǐng 本领	（名）	ability	要拿出自己的本领
75.	qiántú 前途	（名）	prospect	前途一片大好

补充词语 / **Supplementary words**

76.	miànshì 面试	（动）	interview	先笔试，后面试

二、对话

A：我们三个聚在一起，真挺难的。我很怀念我们在一起的时候，那是一段轻松而有趣的记忆。

B：是啊！想起从前的情景，有时候忍不住还会笑。遗憾的是，后来大家上了不同的高中、又上了不同的大学，一年只能见一两面了。上次见面还是去年的国庆节吧！

C：是的，又半年多没见了，有时候老想起小时候的事。还记得我们班有一次集体去旅游吗？

在路上，最初大家都在说着将来的梦想，后来开始说笑话，有些笑话我现在利用业余时间在医院做志愿者时还总是讲给病人听。

A：我们马上就面临毕业了，国家早就不分配工作了，你决定当医生了吗？

C：我比你们要多上一年大学，明年要去医院急诊科实习，还会参与一些治疗小组的活动。先体验一下医生的生活吧，希望有给病人诊断的机会。我想将来去内科，我不愿意见血，也不愿意做手术。

B：做医生待遇好，而且我们将来身体有什么毛病，找你看个病、挂个号也方便。我爸在一个大型计算机企业担任领导工作，我又是学电脑软件和硬件的，现在我已经在他们单位兼职了，就是不知将来被安排在哪个部门。想想将来天天和鼠标打交道，工作真挺单调的。

A：听说你爸爸还是总裁呢，他们单位的数码产品卖得特别好！有个当官的爸爸就是有优势啊！你们比我有运气，我已经发了很多简历了，面试也参加了不少，目前还没有单位录取我。有时候真不平等，我学习比你们用功，论文写得也好，却找不到好的工作。生活有时候很无奈！

B：你想歪了，我去我爸爸单位也是考试进去的。生活会是公平的。你不是学国际贸易的吗？可以自己做老板啊！做进口、出口生意。我有个叔叔在海关工作，将来还可以帮你。我很想自己经商，我爸爸就是不同意。

C：你们还记得那个物理、化学总不及格的钱一吗？他老抄我们作业，考试试卷上也到处是错误。他后来经过刻苦努力，考上了名牌大学新闻系。他说他为将成为媒体人而自豪。他马上就要去一家报社报到了，做编辑工作。

A：我怎么听说他要去广播电台了呢？

B：无论如何，有本领就会有好的前途，大家一起努力吧！

 三、问答练习

小时候，最让你怀念的是哪段日子？
小时候，最让我怀念的一段日子是……的时候。

什么样的记忆会让人难忘呢？
……的记忆会让人难忘。

你会经常怀念从前的事情吗？
我会 / 不会经常怀念从前的事情。

你还记得我们第一次见面的情景吗？
我还记得我们第一次见面的情景 / 不记得我们第一次见面的情景了。

你看让你感动的电影时会不会总忍不住掉
眼泪？
我看让我感动的电影时总会／不会忍不住掉
眼泪。

对你来说，最遗憾的事是什么？
对我来说，最遗憾的事是……

今年国庆节你打算做什么？
今年国庆节我打算……

你喜欢过集体生活吗？为什么？
我喜欢／不喜欢过集体生活，因为……

你最初是为什么想学汉语的？
我最初是因为……

你现在有什么梦想？
我现在的梦想是……

你业余时间都干什么？
我业余时间……

你做过志愿者吗？
我做过／没做过志愿者。

面临困难的时候，你会怎么样？
面临困难的时候，我会……

你怎么分配你的业余时间？
我这样分配我的业余时间：……

你周日为什么去看急诊？
我周日看急诊是因为……

你毕业前是去哪个单位实习的？
我毕业前是去……实习的。

你参与了你自己生日会的安排了吗？
我参与了／没参与自己生日会的安排。

你生病以后会积极治疗吗？
我生病以后会／不会积极治疗。

你上课的时候，喜欢分组练习口语吗？
我上课的时候，喜欢／不喜欢分组练习口语。

你体验过农村生活吗？
我体验／没体验过农村生活。

你觉得每一个医生对病的诊断都准确吗？
我觉得每一个医生／不是每一个医生对病的
诊断都准确。

你妈妈是内科医生吗？
我妈妈是／不是内科医生。

我鼻子出血了，应该看内科还是外科？
你鼻子出血了，应该看……

你上次做手术是什么时候？
我上次做手术是……

你们单位待遇好吗？
我们单位待遇很好／待遇不好。

你家的洗衣机出过毛病吗？
我家的洗衣机出过／没出过毛病。

你上次去看病挂的是几号啊？
我上次去看病挂的是……号。

你们单位是大型企业吗？
我们单位是 / 不是大型企业。

你会计算自己每天的睡眠时间吗？
我会 / 不会计算每天的睡眠时间。

你将来想在企业工作还是在政府部门工作？
我将来想在企业 / 政府部门工作。

你愿意担任我们班的班长吗？
我愿意 / 不愿意担任我们班的班长。

你喜欢当领导吗？
我喜欢 / 不喜欢当领导。

你电脑上次出问题的时候，是软件坏了还是
硬件坏了？
我电脑上次出问题的时候，是软件 / 硬件坏了。

你在哪个单位工作？
我工作的单位是……

你想找兼职工作吗？
我想找 / 不想找兼职工作。

你在你们公司哪个部门工作？
我在我们公司工作的部门是……

你的电脑鼠标好用吗？
我的电脑鼠标很好用 / 不好用。

生活单调和生活无聊的意思有什么不同？
生活单调是指生活简单、没有变化；生活无
聊是指生活没有意思。/……

苹果公司的总裁是谁？
苹果公司的总裁是……

你的相机是数码相机吗？
我的相机是 / 不是数码相机。

数码产品的出现说明了什么？
数码产品的出现说明了科学技术水平的提
高。/……

你想成为外交官吗？
我想成为 / 不想成为外交官。

做这份工作，你的优势在哪儿？
做这份工作，我的优势在……

光有运气，没有能力，能成功吗？
光有运气，没有能力，能 / 不能成功。

你写过简历吗？
我写过 / 没写过简历。

根据目前的水平，你考 HSK 五级能及格吗？
根据目前的水平，我考 HSK 五级能 / 不能及格。

你被哪个单位录取了？
我被……录取了。

你觉得现实社会人与人平等吗？
我觉得现实社会人与人很平等 / 不平等。

你小时候学习用功吗？
我小时侯学习很用功 / 不用功。

你毕业论文的题目是什么？
我毕业论文的题目是……

人生有许多无奈的事情，你会选择接受还是
反抗？

我会选择接受 / 反抗。

我写的字歪吗？

你写的字歪 / 不歪。

你觉得生活是公平的吗？为什么？

我觉得生活是 / 不是公平的，因为……

你是学贸易的吗？

我是 / 不是学贸易的。

你喜欢进口车还是国产车？

我喜欢进口 / 国产车。

你们公司的产品全部出口吗？

我们公司的产品全部 / 不全部出口。

海关规定，中国人离开中国时，身上可以带
多少美元？

海关规定，中国人离开中国时，身上可以带
5000 美元。

你喜欢经商吗？

我喜欢 / 不喜欢经商。

你考大学的时候，物理考了多少分？

我考大学的时候，物理考了……分。

你喜欢上化学课吗？

我喜欢上 / 不喜欢上化学课。

HSK 五级多少分及格？

HSK 五级没有及格分数。

老师让你抄的课文你抄完了吗？

老师让我抄的课文我抄完了 / 还没抄完。

HSK 四级考试试卷页数多吗？

HSK 四级考试试卷页数不多 / 页数很多。

你学汉语刻苦吗？

我学汉语很刻苦 / 不刻苦。

你喜欢穿名牌吗？为什么？

我喜欢 / 不喜欢穿名牌，因为……

你上大学的时候是哪个系的？

我上大学的时候是……系的。

你考虑过进入媒体行业，成为一名记者吗？

我考虑过 / 没考虑过。

你觉得自己做的最自豪的事是什么？

我觉得自己做的最自豪的事是……

你是在报社工作吗？

我是 / 不是在报社工作。

你是哪天来我们学校报到的？

我是……来我们学校报到的。

你觉得我选择教汉语这个行业有前途吗？

我觉得你选择教汉语这个行业有 / 没有前途。

你觉得编辑工作辛苦吗？

我觉得编辑工作很辛苦 / 不辛苦。

中国国际广播电台在哪儿？

中国国际广播电台在……

你知道**本领**高强的孙悟空吗？

你明天是不是有**面试**？

我知道 / 不知道。

我明天有 / 没有面试。

 四、练习

1.听力：请选出正确答案。

① A 她觉得她在学校做兼职很幸运

　B 她觉得她在大型公司做全职很幸运

　C 她觉得她在学校做全职很幸运

　D 她觉得她在大型公司做兼职很幸运

② A 女的的儿子考上了大学，男的的儿子还没考大学

　B 女的的儿子学习很用功，男的的儿子学习不用功

　C 女的的儿子和男的的儿子一样大

　D 女的的儿子物理不及格，男的的儿子物理刚及格

③ A 有很多钱　　　　　　　　B 健康的身体

　C 实现了梦想　　　　　　　D 退休时间晚

④ A 年纪大的人不用治疗身体出现的毛病

　B 有好心情肯定比吃药的治病效果好

　C 老人年轻时就应该爱惜身体

　D 有病的人要多参加活动

2.阅读

（1）请选出正确答案。

　　我公司经营进出口业务（yèwù, business），并有着多年进出口代理经验，公司为中小企业和个人提供专业对外（　　　　）代理、进口代理及出口代理服务。我公司利用自身完善的国际代理网络，可以在出口商品的目的地或进口商品的生产地为国内客户提供全面的服务，包括提供上门取物、办理海关手续、安排运输等服务；还可用我们的银行账户和法人身份，代替客户交（　　　　）税及兑换外汇等业务。

⑤ A 经商　　　　B 做生意　　　　C 买卖　　　　D 贸易

⑥ A 营业　　　　B 进口　　　　C 房产　　　　D 个人所得

（2）请选出正确答案。

⑦ 实习一般是在工作时间，实习的人是学生，工资比正式职员要低，也有没工资的；而做兼职工作一般在业余时间，做兼职工作的人可以是学生，也可以是已经参加工作的人，他们可以按规定得到收入。而志愿者呢？他们大多利用自己的空闲时间为一些组织工作，一般没有收入或收入很低。

A 实习生和做兼职工作的人可能没有收入

B 实习生和志愿者可能没有收入

C 志愿者和做兼职工作的人可能没有收入

D 实习生、志愿者和做兼职工作的人都可能没有收入

（3）请选出正确答案。

从前的日子过得很慢，在单调的快乐中，日日年年。从前的关系发展得很慢，在平静的交往中，一点一点。从前的脚步走得很慢，每天上班，都走得悠闲。从前的钱挣得很慢，在不停计算的使用中，显得那么有限。

我怀念从前，怀念曾经的记忆，特别是忍不住反复想起的情景，但我并不遗憾，我现在体验着不一样的生活，却同样精彩无限。

现在的日子过得很快，在忙碌的身影（shēnyǐng, the shadow of a body）中，感受着自己的价值。现在的关系发展得很快，在复杂的交往中，促进梦的实现。现在的脚步走得很快，在一步一步中，期待着明天。现在的钱挣得很快，在太多的消费中，最终也看不见。

生活，就是走过，经历过，体验过！

⑧ 这篇短文告诉我们，从前和现在的生活怎么样？

A 从前人们的生活很忙

B 现在人们的生活很忙

C 从前的生活很有价值

D 现在的关系很简单

⑨ 从这篇短文，我们可以知道什么？

A 从前的生活和现在的生活差不多

B 现在挣钱比以前难

C 现在的生活发生了很大变化

D 我更喜欢现在的生活

3. 书写

（1）完成句子。

⑩ 我们　　数码产品的　　杂志　　负责　　编辑

⑪ 担任　　都是　　领导工作的　　官　　人

（2）写短文

⑫ 请结合下列词语（要全部使用），写一篇 40 字左右的短文。

急诊　　诊断　　目前

⑬ 请结合这张图片写一篇 40 字左右的短文。

第 58 课 广告的利与弊

🔍 一、词语

	yǎnjiǎng			
1.	演讲	（动/名）	make a speech; speech	在会上演讲/这篇演讲，内容很丰富
	zhǔtí			
2.	主题	（名）	topic, subject	会议主题
	quánmiàn			
3.	全面	（形）	comprehensive	全面发展
	guǎngdà			
4.	广大	（形）	vast	广大听众
	lǎobǎixìng			
5.	老百姓	（名）	common people	当官的要为老百姓做实事
	rìcháng			
6.	日常	（形）	day to day; regular	日常生活用品
	suíshí			
7.	随时	（副）	at any time	随时注意
	tíwèn			
8.	提问	（动）	ask	老师向学生提问
	gōngnéng			
9.	功能	（名）	function	语法功能
	xuānchuán			
10.	宣传	（动）	publicize	宣传部门
	xíngxiàng			
11.	形象	（名）	image	企业形象
	gòuchéng			
12.	构成	（动）	constitute	构成威胁
	xiāoshòu			
13.	销售	（动）	sell	减价销售
	xiāngduì			
14.	相对	（动/副）	be opposite to; relatively	上与下相对/相对简单
	xíngchéng			
15.	形成	（动）	form	形成了自己的特点
	mùbiāo			
16.	目标	（名）	goal	向着目标前进
	shuōfú			
17.	说服	（动）	convince	说服教育
	bōfàng			
18.	播放	（动）	broadcast	播放音乐
	bìyào			
19.	必要	（形）	necessary	必要条件
	míngxiǎn			
20.	明显	（形）	obvious	优势明显

21.	lìrùn 利润 （名）	profit	利润很高
22.	kuāzhāng 夸张 （形 / 名）	inflated; exaggeration	夸张的形容 / 夸张的手法
23.	chéngfèn 成分 （名）	component, ingredient	句子成分 / 食物成分
24.	zhēng 睁 （动）	open (eyes)	睁着眼
25.	xiā 瞎 （形）	blind	瞎子 / 瞎话
26.	shānghài 伤害 （动）	hurt	伤害健康
27.	lìyì 利益 （名）	interest	经济利益
28.	wúshù 无数 （形）	innumerable	树林中有无数小鸟
29.	tòngkǔ 痛苦 （形）	painful	内心很痛苦
30.	jiàoxun 教训 （名 / 动）	lesson; lecture sb. for wrongdoings	总结经验教训 / 教训孩子
31.	nánguài 难怪 （动 / 副）	hard to complain; no wonder	第一次演讲，出点问题，也难怪 / 难怪这么冷，外面下雪了
32.	bù'ān 不安 （形）	restless	社会动荡不安
33.	héfǎ 合法 （形）	legal	合法收入
34.	kěkào 可靠 （形）	reliable	可靠的消息
35.	yìwù 义务 （名 / 形）	obligation; obligatory	老百姓的义务 / 义务劳动
36.	shǒuxù 手续 （名）	procedure	手续简单
37.	wánzhěng 完整 （形）	whole	完整地留了下来
38.	zīgé 资格 （名）	qualification	参会资格
39.	xīqǔ 吸取 （动）	absorb	吸取经验教训
40.	chóngfù 重复 （动）	repeat	内容重复 / 请重复一遍

41.	jìnlì 尽力	（动）	do what one can	尽力而为
42.	chīkuī 吃亏	（动）	suffer loss	吃亏上当
43.	dǎozhì 导致	（动）	lead to	导致失败
44.	ňg 嗯	（叹）	(interjection)	嗯，我知道了
45.	fǒudìng 否定	（形 / 动）	negative; deny	否定判断 事实是否定不了的
46.	zìjué 自觉	（形）	conscious; on one's initiative	自觉遵守交通规则
47.	chízǎo 迟早	（副）	sooner or later	这个问题他迟早会想明白的
48.	shīqù 失去	（动）	lose	失去依靠
49.	hòuguǒ 后果	（名）	consequence	后果严重
50.	pòhuài 破坏	（动）	destroy	破坏东西 破坏制度
51.	hélǐ 合理	（形）	reasonable	合理收入
52.	jiéshěng 节省	（动）	save	节省材料
53.	cǐwài 此外	（连）	besides	他会说英语，此外还会点儿日语
54.	zhǐdǎo 指导	（动）	guide, instruct	指导学生写作业
55.	tuīguǎng 推广	（动）	spread, popularize	推广普通话
56.	jiǎngzuò 讲座	（名）	lecture	电视讲座
57.	yòngtú 用途	（名）	use, function	用途很多
58.	péixùn 培训	（动）	train (teacher, etc.)	培训新教师
59.	zīliào 资料	（名）	material	生产资料 / 学习资料
60.	zhǎnlǎn 展览	（动）	exhibit, display	国际展览会
61.	guǎngchǎng 广场	（名）	square	天安门广场

62.	shǔyú 属于	（动）	belong to	这个房子属于我／这属于语法错误
63.	shíjiàn 实践	（动）	put into practice	实践了自己的计划
64.	bǔchōng 补充	（动）	complement	补充规定
65.	cè 册	（名）	(measure word) brochure	画册／本书一共八册
66.	sècǎi 色彩	（名）	color	色彩设计
67.	pāi 拍	（动）	slap; take (photos)	拍打／拍照
68.	wánměi 完美	（形）	perfect	完美人生
69.	shèjì 设计	（动／名）	design; designing	设计大桥完成一项设计
70.	zhìzuò 制作	（动）	make	制作程序
71.	fǎnzhèng 反正	（副）	anyway	我反正是不会去的
72.	zǒngzhī 总之	（连）	in short	大学、中学、小学，总之，所有学校 都应加强教育
73.	zhǔrén 主人	（名）	master	这个家的主人　房子的主人
74.	shǐzhōng 始终	（副／名）	always; from beginning to the end	学习成绩始终很好／贯彻始终
75.	zūnshǒu 遵守	（动）	comply with	遵守规定
76.	héxīn 核心	（名）	core	核心问题

补充词语 / Supplementary words

77.	zuìzhōng 最终	（副）	finally	他最终去看了病

二、对话

A：今天演讲的主题是广告的利与弊，王教授全面谈了广告究竟给广大老百姓的日常生活带来了什么。广告的最大功能是认识功能，通过广告宣传，把信息传播给消费者。这个信息由公司形象和公司产品构成。把产品销售给不知道公司名字的顾客是相对困难的，而公司形象的形成又是长期的。然而，公司的最终目标还是说服消费者买它的产品。接下来，同学们可以随时随意地向王教授提问了。

B：王教授，老百姓怎么知道播放的广告内容是否都是真实的呢？

C：广告，本身是好的，存在的必要也是很明显的。但是为了利润，现在的很多广告不仅夸张成分太多，有些还睁着眼说瞎话，严重伤害了消费者的利益。无数虚假广告给我们带来了痛苦的教训，这也难怪老百姓越来越不安，越来越不敢相信广告了。播放合法、真实、可靠的广告其实是国家有关单位的义务，手续是否完整、资格是否具备，是我们一般老百姓不懂的。我们老百姓能做的只是睁大眼睛、吸取教训，尽量不让痛苦重复发生，尽力让自己少吃亏。

广告的另一个功能是增加销售、促进竞争。谁能说说这个功能的好处？

D：竞争会导致商品价格越来越便宜。

C：嗯。这个问题回答得很好，但商品是越便宜越好吗？这个答案显然是否定的。企业一定要自觉保证产品的质量，否则，迟早还是会失去市场的，后果会很严重。

前面所说的两个功能其实都会破坏消费者的合理消费计划，更不利于节省资源。

此外，广告的最后一个功能就是介绍知识、指导消费。现在越来越多的产品推广讲座、产品用途培训、产品资料展览等广场周末活动，都属于这个功能的具体实践。

我今天要说的内容就这么多，谁有什么补充吗？

E：有些电视广告或产品宣传册从画面、色彩的欣赏角度来看，真的拍得很完美。无论设计还是制作，都给观看者带来一种享受。这些内容丰富了人们的生活，反正我很喜欢。

C：总之，广告是有利有弊的，但广告的主人要明白，始终遵守法律、完善产品才是企业发展的核心。

三、问答练习

你参加过演讲比赛吗？

我参加过 / 没参加过演讲比赛。

上一课课文的主题是什么？

上一课课文的主题是……

你觉得孩子应该全面发展还是某一方面成绩优秀？

我觉得孩子应该全面发展 / 某一方面成绩优秀。

你觉得广大老百姓喜欢广告吗？

我觉得广大老百姓喜欢 / 不喜欢广告。

你觉得你们国家的老百姓幸福吗？

我觉得我们国家的老百姓幸福 / 不幸福。

你的日常汉语说得怎么样？

我的日常汉语说得很好 / 不好。

我可以随时去你家看你吗？

你可以随时去我家看我。/ 你来以前最好打个电话。

昨天上课你提问了吗？

昨天上课我提问了 / 没提问。

你的手机功能多吗？

我的手机功能很多 / 不多。

你新书的宣传工作都进行完了吗？

我新书的宣传工作都进行完了 / 还没进行完。

你很在乎个人形象吗？

我很在乎 / 不太在乎个人形象。

这课是由哪几部分构成的？

这课是由生词、话题、问答练习构成的。

你是做销售工作吗？

我是 / 不是做销售工作。

许多人认为汉字书写相对于汉语口语会难学一点，你觉得呢？

我认为汉字书写 / 汉语口语更难学。

冰是怎么形成的？

冰是水在低温下形成的。

你的目标是考过 HSK 几级？

我的目标是考过 HSK……级。

你喜欢说服别人吗？

我喜欢 / 不喜欢说服别人。

你的手机可以播放音乐吗？

我的手机可以 / 不可以播放音乐。

你妈妈认为你有必要来中国学汉语吗？为什么？

我妈妈认为我有 / 没必要来中国学汉语，因为……

我是不是明显胖了？

你是明显胖了。/ 你胖了，但不明显。

汉语教育行业利润高吗？

汉语教育行业利润很高 / 不高。

你说话有夸张的时候吗？

我说话有 / 没夸张的时候。

这个药的成分你了解吗？

这个药的成分我了解 / 我不了解。

你每天睁开眼第一件事做什么？

我每天睁开眼第一件事……

你觉得瞎子的生活痛苦吗？

我觉得瞎子的生活痛苦 / 不痛苦。

你的感情容易受伤害吗？

我的感情容易 / 不容易受伤害。

政府应该代表谁的利益？

政府应该代表……的利益。

天上的星星真的是无数的吗？

天上的星星真的是无数的 / 是有数的。

你更害怕身体的痛苦还是心里的痛苦？

我更害怕身体的痛苦 / 心里的痛苦。

从教训中可以学到东西吗？

基本上，我可以从教训中学到东西。/……

你生病了？难怪你看起来这么没精神呢！

我是生病了。/ 我没生病，只是……

每个人做错事都会感到不安吗？

每个人 / 不是每个人做错事都会感到不安。

合法的事情一定合理吗？

合法的事情一定 / 不一定合理。

这个消息可靠吗？

这个消息很可靠 / 不可靠。

学生的义务是什么？

学生的义务是学习。

你回国的手续办好了吗？

我回国的手续办好了 / 还没办好。

你手机中的那部电影完整吗？

我手机中的那部电影很完整 / 不完整。

你认为怎样的人才有资格做老师？

我认为……的人才有资格做老师。

那个经历让你吸取了什么经验和教训？

那个经历让我吸取的经验和教训是：……

你听汉语口语 CD 时跟着重复吗？

我听汉语口语 CD 时跟着 / 不跟着重复。

"尽力"和"尽量"有什么区别？

"尽力"是用全部力气去做某事，是动词；"尽量"是在一定范围内把事情做到最好，是副词。

你同意"吃亏是好事"的观点吗？为什么？

我同意 / 不同意"吃亏是好事"，因为……

你认为是什么导致了这场灾难的发生？

我认为……

"嗯"是答应别人时用还是生气时用？

"嗯"是答应别人时用。

"我不是中国人。"是肯定句还是否定句？

"我不是中国人。"是否定句。

你认为公共秩序需要靠制度保障还是公民自
觉遵守？
我认为公共秩序需要靠制度保障 / 公民自学
遵守。

他觉得资源耗尽是迟早的事，你觉得呢？
我也这样认为。/ 我觉得资源是用不完的。

他在战争中失去了几个孩子？
他在战争中失去了……个孩子。

你知道不吃早饭的后果很严重吗？
我知道 / 不知道不吃早饭的后果很严重。

你们国家的自然环境被工业生产破坏了吗？
我们国家的自然环境被工业生产破坏了 / 没
被工业生产破坏。

你觉得不让孩子的父亲见孩子合理吗？
我觉得不让孩子的父亲见孩子合理 / 不合理。

她花钱节省吗？
她花钱很节省 / 不节省。

你说的我都记住了，此外，你还有别的要说
的吗？
此外，我还想说……/ 我没有别的要说的了。

你大学写论文时需要老师指导吗？
我大学写论文时需要 / 不需要老师指导。

谁负责你们公司产品推广工作？
……负责我们公司产品的推广工作。

今天的讲座在哪个教室啊？
今天的讲座在……教室。

电脑都有哪些用途？
电脑的用途有……

你们公司有出国培训的机会吗？
我们公司有 / 没有出国培训的机会。

你有 HSK 的资料吗？
我有 / 没有 HSK 的资料。

展览馆在举办什么展览啊？
展览馆在举办……展览。

你去过天安门广场吗？
我去过 / 没去过天安门广场。

上海属于哪个国家？
上海属于中国。

你觉得理论重要还是实践重要？
我觉得理论 / 实践重要。

这课的补充词语多吗？
这课的补充词语很多 / 不多。

你知道这套书一共有几册吗？
我知道 / 不知道这套书一共有几册。

那张照片的色彩怎么样？
那张照片的色彩很好 / 不好。

刚才谁拍了你一下？
刚才……拍了我一下。

你觉得世界上有完美的婚姻吗？
我觉得世界上有 / 没有完美的婚姻。

你会自己<u>设计</u>衣服吗？

我会 / 不会自己设计衣服。

你知道电影<u>制作</u>人负责做什么工作吗？

我知道 / 不知道电影制作人负责做什么工作。

你下午还去<u>逛街</u>吗？<u>反正</u>我没钱了，不能陪你去了。

我下午不去逛街了。/ 我还想逛街。

你一会儿说颜色不好，一会儿说样子不好，<u>总之</u>，你就不喜欢那件衣服，对吗？

对，总之我就不喜欢那件衣服。/ 我只是告诉你我的意见。

谁是这只狗的<u>主人</u>？

……是这只狗的主人。

别人总会给你各种各样的建议，你会<u>始终</u>坚持自己的想法吗？

我会坚持自己的想法。/ 我会考虑别人的建议。

为什么很多人不<u>遵守</u>交通规则？

很多人不遵守交通规则是因为……

这篇课文的<u>核心</u>意思是什么？

这篇课文的核心意思是……

你<u>最终</u>还是要离开中国吗？

我最终还是要离开中国。/ 我会永远留在中国。

四、练习

1.听力：请选出正确答案。

① A 说服"他"完成制作工作很容易

　B "他"对这个制作工作不感兴趣

　C "他"可以不做其他工作

　D 让男的用全部力气说服"他"完成这个制作任务

② A 播放光盘　　　　　　　　　B 讨论光盘内容

　C 分析补充材料　　　　　　　D 指导作业

③ A 正确选择目标人群　　　　　B 专业地推广产品

　C 把客户的利益放在第一位　　D 是一个老百姓

④ A 如何正确选择目标客户可以听听老员工的意见

　B 说话夸张是一个好的销售方法

　C 把客户的利益放在第一位是十分重要的

　D 让客户信任我们是十分重要的

2.阅读

（1）请选出正确答案。

大学新生报到手续：一、先拿着录取通知书去报名处报名，看看你是否有（　　　　），然后填报名表、交报名费等费用和照片，最后去学校为你安排的宿舍收拾整理自己的日常生活用品。二、报完名后，过几天会有全面身体检查。三、接下来就是集体培训。各个学校有各个学校的入校程序（chéngxù, procedure），上面讲到的基本每个学校都有的，仔细看看入校须知还是很有（　　　　）的。

⑤ A 资格　　　　　　B 条件　　　　　　C 必要　　　　　　D 需要

⑥ A 资格　　　　　　B 必要　　　　　　C 后果　　　　　　D 义务

（2）请选出正确答案。

⑦ 上个世纪初期，中国经济以自给自足的自然经济为主体。当时有些日常用品中国国内没有，是从海外流传到中国的。中国最初称呼外国人都是叫做"洋人"的，就是海洋另一边来的人。于是，广大老百姓顺便也就给"洋人"生产的东西也加了一个洋字，"火柴"叫"洋火"，"自行车"叫"洋车"等等。就是现在在一些农村里有一些老辈人还是用这样的叫法。

A 上个世纪初期，中国可以生产各种日常用品

B 上个世纪初期，中国老百姓叫外国人"洋人"

C "火柴"叫"洋火"是因为火柴是用海洋中的木头做的

D 现在已经没人叫自行车为"洋车"了

（3）请选出正确答案。

这次演讲比赛的主题是"如何在关键时候不紧张"。比赛前一天我就很不安，因为报名参加这场比赛对我来说是一个挑战。我是一个很容易紧张的人。

我是个追求完美的人，容易紧张让我觉得很痛苦，我告诉自己，通过这次比赛，我一定会变得更完美的。

比赛是在学校广场进行的。我尽力让自己安静，却更紧张，虽然没曾大脑一片空白，但有些话也重复了好几遍。我失败了。

这次比赛，我吸取的教训是：世上没有完美，每个人都有不足，我们需要接受自己的不足，直接挑战它只能给自己带来更大的伤害。我们要做自己的主人，而且始终要记住：自己爱自己。

⑧ 这篇短文告诉我们，挑战自己可能会怎么样？

    A 完善自己   B 鼓励自己

    C 伤害自己   D 讨厌自己

⑨ 从这篇短文，我们可以知道什么？

    A 我是一个不爱紧张的人   B 我是一个完美的人

    C 比赛的前一天我就开始紧张   D 我们不能只考虑自己

3. 书写

（1）完成句子。

⑩ 市场   最核心的特点   经济   竞争   是

⑪ 你   说瞎话   怎么   睁眼   总是

（2）写短文

⑫ 请结合下列词语（要全部使用），写一篇40字左右的短文。

    成分   利益   难怪

⑬ 请结合这张图片写一篇 40 字左右的短文。

第 59 课 对比中美文化

🔍 一、词语

1.	对比 duìbǐ	（动）	contrast	对比一下这两种苹果
2.	感想 gǎnxiǎng	（名）	feelings, impressions	感想很多
3.	陆地 lùdì	（名）	land	陆地面积
4.	面积 miànjī	（名）	area	桌子面积
5.	热心 rèxīn	（形）	warm-hearted	热心帮助别人
6.	坚强 jiānqiáng	（形）	strong	性格坚强
7.	勇气 yǒngqì	（名）	courage	闯世界的勇气
8.	能干 nénggàn	（形）	competent	他很能干
9.	地理 dìlǐ	（名）	geography	地理专业
10.	位置 wèizhì	（名）	position	总裁的位置一定是他的
11.	地区 dìqū	（名）	zone	受灾地区
12.	干燥 gānzào	（形）	dry	天气干燥
13.	潮湿 cháoshī	（形）	moist	潮湿的空气
14.	则 zé	（连）	then, but	穷则思变
15.	相当 xiāngdāng	（副/动）	quite; match	相当好/条件相当
16.	枪 qiāng	（名）	gun	枪支
17.	杀 shā	（动）	kill	杀猪
18.	重大 zhòngdà	（形）	significant	责任重大
19.	特色 tèsè	（名）	characteristic	特色菜
20.	独特 dútè	（形）	unique	独特风味

21.	qiángdiào 强调	（动）	emphasize	强调这个问题
22.	zhōngxīn 中心	（名）	center	市中心 / 中心内容 / 经济中心
23.	wénmíng 文明	（形 / 名）	civilized; civilization	文明社会 / 精神文明
24.	fǎngfú 仿佛	（副）	as if	大风仿佛要把人吹起来
25.	zhìjīn 至今	（副）	until now	至今未见
26.	jǐnshèn 谨慎	（形）	cautious	他讲话很谨慎
27.	nèibù 内部	（名）	in-house	内部食堂
28.	xíngshì 形势	（名）	circumstance	经济形势
29.	qiān 签	（动）	sign	签字
30.	hétong 合同	（名）	contract	买房合同
31.	yǔqí 与其	（连）	rather than	与其坐船，不如坐车
32.	quèrèn 确认	（动）	confirm	你确认一下这件事
33.	ruò 弱	（形）	weak	身体弱
34.	néngyuán 能源	（名）	energy	缺少能源
35.	pài 派	（动）	assign	派车
36.	shìbīng 士兵	（名）	soldier	做一名优秀的士兵
37.	gǎo 搞	（动）	do; engage in	搞贸易工作
38.	shāngwù 商务	（名）	commerce	商务部门
39.	shāngyè 商业	（名）	trade	商业网点
40.	tánpàn 谈判	（动）	negotiate	贸易谈判 / 谈判破裂
41.	fēnbié 分别	（副）	separately	这件事由双方分别处理

42.	shànyú 善于	（动）	be good at	善于学习
43.	guīzé 规则	（名）	rule	比赛规则
44.	quánlì 权利	（名）	right	劳动者有休息的权利
45.	guǎngfàn 广泛	（形）	broad	爱好广泛
46.	línghuó 灵活	（形）	flexible	灵活处理
47.	yímín 移民	（名/动）	immigration; emigrate	外国移民/移民海外
48.	yèwù 业务	（名）	business; professional work	做业务/业务水平
49.	chéngxù 程序	（名）	procedure	大会程序
50.	zhēngqǔ 争取	（动）	strive for	争取第一名
51.	hézuò 合作	（动）	cooperate	分工合作
52.	guānchá 观察	（动）	observe	观察事物
53.	yòu'éryuán 幼儿园	（名）	kindergarten	地区幼儿园
54.	chuàngzào 创造	（动）	create	创造条件
55.	guīju 规矩	（形/名）	well-behaved; rule	规矩人/守规矩
56.	àihù 爱护	（动）	care	互相爱护
57.	chēnghu 称呼	（动/名）	call; form of address; title	您怎么称呼/医生是个称呼
58.	chéngrén 成人	（动/名）	grow up; adult	孩子已经成人了/成人教育
59.	zébèi 责备	（动）	blame	责备父母
60.	zànměi 赞美	（动）	praise	赞美家乡
61.	guǎiwān 拐弯	（动）	turn around	一直走，别拐弯/说话不拐弯
62.	dòu 逗	（动）	stay; make fun of	逗留/逗人

	wòshǒu			
63.	握手	（动）	shake hands	握手表示友好
	wènhòu			
64.	问候	（名）	greeting	带我问候老师
	yōngbào			
65.	拥抱	（动）	cuddle	我想拥抱你
	huī			
66.	挥	（动）	wave; wipe off	挥手 / 挥泪
	jiǎngjiu			
67.	讲究	（形 / 动）	fastidious; be particular about	穿衣服很讲究 / 讲究卫生
	qiānxū			
68.	谦虚	（形 / 动）	modest; keep a low profile	谦虚使人进步 / 你就别谦虚了。
	juéduì			
69.	绝对	（形）	absolute	绝对优势

补充词语 / **Supplementary words**

	shìjiàn			
70.	事件	（名）	incident	历史事件

二、对话

A：大山，你来中国那么久了，对比中美文化有什么感想？

B：两个国家陆地面积接近，人们都很热心，都很坚强，也都很有勇气、很能干。

A：面积接近，地理位置相似，气候也差不多，大部分地区冬季干燥、夏季潮湿，人口的差距则相当大。对了，美国人怎么可以带枪呢？那样不是很容易发生杀人事件吗？

B：我想政府这么做有它的原因吧！我更想讨论一些重大的问题，很想知道中国这个有中国特色的社会主义国家独特的地方。你能告诉我，中国人为什么总强调关系很重要呢？

A：中国人以关系为中心，很信任身边的人，做事相信感情，但不爱参与和自己无关的事。中国是个文明古国，仿佛从古至今都很谨慎，更多关心自己内部的形势和发展。我觉得美国人以个人为中心，强调个人独立，对吗？

B：是的，我们做事更相信法律，会提前签合同。与其将来麻烦，不如双方确认清楚。

A：你们还喜欢参与弱小国家的政治，能源丰富的中东地区你们就派过士兵。

B：这可能也与我们的历史有关吧！我是搞商务工作的，我更关心商业谈判中的不同。

A：好，我分别说说我认为的中美谈判特点。在中国，权力很重要，所以更多时候老板说了算。

中国人在谈判中不善于表达，遵守规则。美国权利分布广泛，所以很多人影响着结果。我觉得美国人善于辩论，思想灵活，这可能因为美国是移民国家，更容易接受新事物。其实，业务谈判只是必要程序，争取促成合作才是最终目的。

B：我要在今后的谈判中多观察，然后再告诉你我的观点。我觉得中美教育也很不同。我们从幼儿园就开始教育孩子独立，培养他们的创造能力；而这里的孩子虽然很规矩，但事事依赖父母。

A：中国是以家庭为中心的，父母很爱护孩子，孩子也不可以像美国人一样，称呼父母的名字。美国孩子十八岁就算成人了，而中国的父母却永远在为孩子操心。中国家长喜欢责备孩子，美国家长更喜欢赞美孩子，我觉得美国家长的这种态度更有利于孩子成长。

B：我再说说我发现的不同。中国人说话爱拐弯，美国人说话直接，直接得有两次中国人逗我玩我都没听出来。另外，中国人握手表示问候，美国人拥抱表示问候；中国人挥手表示再见，美国人还是拥抱表示再见；中国人吃饭比较讲究，美国人吃饭比较随便；中国人更谦虚、美国人更自信等等。

A：任何事情都不是绝对的，中美文化正在相互影响，两国人民也在相互理解。

B：是啊！

 三、问答练习

你对比过汉语和英语的语法吗？
我对比过 / 没对比过汉语和英语的语法。

你对中国如此差的空气质量有何感想？
我对中国如此差的空气质量的感想是……

地球表面陆地面积占总面积的多少？
地球表面陆地面积占总面积的 29.2%。

你喜欢住面积大的房子还是面积小的房子？
为什么？
我喜欢住面积大 / 面积小的房子，因为……

你觉得中国人热心吗？
我觉得中国人很热心 / 不热心。

你觉得你是个坚强的人吗？
我觉得我是个 / 不是个坚强的人。

如果你喜欢一个男孩儿，你有勇气追求他吗？
如果我喜欢一个男孩儿，我有勇气 / 没有勇气追求他。

你觉得你自己能干吗？
我觉得我自己很能干 / 不太能干。

你具备最基本的地理知识吗？

我具备 / 不具备最基本的地理知识。

你知道我们现在的具体位置吗？

我知道 / 不知道我们现在的具体位置。

你生活的地区是北京房价最高的地区吗？

我生活的地区是 / 不是北京房价最高的地区。

你讨厌居住在干燥的地方吗？

我讨厌 / 不讨厌居住在干燥的地方。

夏天的时候南方潮湿还是北方潮湿？

夏天的时候南方比较潮湿。

"水至清则无鱼" 是什么意思？

"水至清则无鱼" 的意思是 "水太清了就没有
鱼了"。

你和你朋友的汉语水平相当吗？

我和我朋友的汉语水平相当 / 不相当。

你见过真枪吗？

我见过 / 没见过真枪。

你敢杀鱼吗？

我敢 / 不敢杀鱼。

你认为退休后的生活会有重大改变吗？

我认为退休后的生活会有 / 不会有重大变化。

学校门口餐厅的特色菜有哪些？

学校门口餐厅的特色菜有……

你的想法常常很独特吗？

我的想法常常很独特 / 不独特。

我需要每天对你强调学习汉语的重要性吗？

您需要 / 不需要每天对我强调学习汉语的重
要性。

北京城的中心是什么地方？

北京城的中心是天安门。

你觉得现代社会是文明社会吗？ 为什么？

我觉得现代社会是 / 不是文明社会，因为……

和小孩一起玩，你是不是觉得仿佛回到了小
时候？

和小孩一起玩，我是觉得 / 没有觉得仿佛回
到了小时候。

你至今还不会写汉字吗？

我至今还不会写汉字 / 已经会写汉字了。

你是个做事谨慎的人吗？

我是个 / 不是个做事谨慎的人。

公司内部食堂的饭怎么样？

公司内部食堂的饭很好吃 / 不好吃。

你们国家今年的经济形势怎么样？

我们国家今年的经济形势很好 / 不太好。

申请书上你签过字了吗？

申请书上我签过字了 / 还没签字。

你和学校签合同了吗？

我和学校签合同了 / 没签合同。

天气这么好，与其去故宫参观，不如去颐和
园赏风景，你觉得呢？

我也这样认为。/ 我更喜欢故宫。

你确认明天来参加晚会的人数了吗？

我确认明天来参加晚会的人数了 / 还没确认明天来参加晚会的人数呢。

你小时候身体弱吗？

我小时候身体很弱 / 不弱。

你觉得中国的能源多吗？

我觉得中国的能源很多 / 不多。

公司下个月派你出差了吗？

公司下个月派我出差了 / 没派我出差。

你当过士兵吗？

我当过 / 没当过士兵。

你搞什么工作？

我搞……工作。

你学过商务英语吗？

我学过 / 没有学过商务英语。

这两个公司之间商业竞争很激烈，你看好哪个？

我看好……的公司。/ 我也不太清楚哪个好。

你参加过公司的谈判吗？

我参加过 / 没参加过公司的谈判。

你能把一句话分别翻译成 3 种语言吗？

我能 / 不能把一句话分别翻译成 3 种语言。

你是个善于同别人沟通的人吗？

我是个 / 不是个善于同别人沟通的人。

你是否认为当官的更应该遵守交通规则？

我认为 / 不认为当官的更应该遵守交通规则。

我有权利用这台电脑吗？

你有权利 / 没有权利用这台电脑。

你是个兴趣广泛的人吗？

我是个 / 不是个兴趣广泛的人。

你的上课时间灵活吗？

我的上课时间很灵活 / 不灵活。

你全家是准备移民美国吗？

我全家是准备 / 没准备移民美国。

你公司的业务最近怎么样？

我公司的业务最近很好 / 不太好。

你知道 HSK 报名的程序吗？

我知道 / 不知道 HSK 报名的程序。

你刻苦学习为的是争取考上大学吗？

我刻苦学习为的是争取 / 不是为了考上大学。

你觉得我们之间合作得愉快吗？

我觉得我们之间合作得很愉快 / 不愉快。

你仔细观察，发现这两幅图片的不同了吗？

是的，我发现了。/ 不好意思，我还是没看出来。

你上过幼儿园吗？

我上过 / 没上过幼儿园。

你是否认为劳动创造了人？

我认为 / 不认为劳动创造了人。

中国人吃饭时的规矩多吗?

中国人吃饭时的规矩很多 / 不多。

爱护花草树木是每个人的义务吗?

爱护花草树木是 / 不是每个人的义务。

你一般怎么称呼你的老板?

我称呼我的老板……

你认为 18 岁算成人了吗?

我认为 18 岁算成人了 / 不算成人。

你因为考试成绩不好受到过父母的责备吗?

我因为考试成绩不好受到过父母的责备 / 没
因为考试成绩不好受到过父母的责备。

你喜欢被人赞美吗?

我喜欢 / 不喜欢被人赞美。

出门去商店需要拐弯吗?

出门去商店需要拐弯 / 不需要拐弯。

你喜欢逗小朋友玩吗?

我喜欢 / 不喜欢逗小朋友玩。

我可以和他握手吗?

你可以 / 不可以和他握手。

你春节见你父母的时候,替我问候他们了吗?

我替你问候他们了 / 没替你问候他们。

你每天拥抱你的妈妈吗?

我每天拥抱我的妈妈。/ 我没有每天拥抱我的
妈妈。

前面那个人是不是在向你挥手?

前面那个人是 / 不是在向我挥手。

你平时穿衣服讲究吗?

我平时穿衣服很讲究 / 不讲究。

你的老板是个谦虚的人吗?

我的老板是个 / 不是个谦虚的人。

你认为世界上有绝对的好人吗?

我认为世界上有 / 没有绝对的好人。

你们国家最近发生了大的事件了吗?

我们国家最近发生了大的事件 / 没发生大的
事件。

四、练习

1. 听力:请选出正确答案。

① A 她认为人们可以坐在草上

B 她认为人们不可以坐在草上

C 她可以确认人们是否可以坐在草上

D 她不可以确认人们是否可以坐在草上

② A 美国不安全　　　　　　　　　B 美国人必须有枪

　 C 美国人可以有枪　　　　　　　　D 美国人爱枪

③ A 是中国人　　　　　　　　　　B 容易相处

　 C 不了解中国文化　　　　　　　　D 不热心

　 A 新邻居请所有邻居吃饭了　　　　B 新邻居喜欢聊感情问题

　 C 老婆对新邻居不满意　　　　　　D 新邻居不是移民

2. 阅读

（1）请选出正确答案。

　　由于地理（　　　　）的原因，中国南方大部分地区夏季比较潮湿。那么，如何让夏季的房间尽量干燥一些呢？第一，要经常通风，空气的流动会带走湿气；第二，勤晒被子、衣物等，避免细菌生长；第三，适当用空调加热也能赶走空气中的水分。大家还有什么（　　　　）手和潮湿告别的好办法吗？

⑤ A 位置　　　　　B 条件　　　　　C 面积　　　　　D 特点

⑥ A 握　　　　　　B 拍　　　　　　C 挥　　　　　　D 抬

（2）请选出正确答案。

⑦ 关于谦虚的三句名言：

◇ 谦虚使人进步，骄傲使人落后。　　　　　　　　　　　　　　　——毛泽东

◇ 一个人在受到责备而不是受到赞美之后仍能保持谦虚，那才是真正的谦虚。

　　　　　　　　　　　　　　　　　　　　　　　　　　　　　　——里克特

◇ 一个真正认识自己的人，就没法不谦虚。　　　　　　　　　　　——佚名

　 A "谦虚使人进步，骄傲使人落后"是毛泽东说的。

　 B "一个真正认识自己的人，就没法不谦虚"是毛泽东说的。

　 C 受到责备之后，人就不可能谦虚了。

　 D 受到赞美之后，人人都会骄傲。

（3）请选出正确答案。

　　一般情况下，孩子到了三四岁就该进入幼儿园学习了。孩子入园后不久家长就会发现：孩子常常拿幼儿园的规矩来挑战他们。进幼儿园后，孩子们首先面对的是一个全新的环境，老师

在他们心目中占绝对的、无可替代的地位。原本不听话的孩子，去了幼儿园后，一下子变得懂事了，"我们老师说……"总挂在嘴上。儿童教育专家指出，使孩子社会化是幼儿园的一个重要任务，它要教育孩子按规矩办事，从而帮助孩子日后很好地进入社会。

儿童教育专家建议，家长必须帮助孩子遵守幼儿园为孩子立的规矩。比如，幼儿园不允许孩子带食物入园，家长就不要这样做。甚至连糖果都不要让孩子带进幼儿园。

万一幼儿园的规矩和家里的规矩不一样怎么办呢？家长必须弄清楚，家庭规矩与幼儿园规矩的不同在哪里。例如，晚上有父母需要看的电视节目，孩子跑来关掉电视，他们会说："现在该休息了，幼儿园老师说晚上不要看电视，早点睡觉。"这时家长应告诉孩子，规矩对成人和孩子是不同的。儿童教育专家强调，家长必须根据幼儿园的要求，让孩子按规矩办事。

⑧ 这篇短文告诉我们，家里规矩和幼儿园不一样，家长该怎么办？

A 完全按照幼儿园的规矩办

B 完全按照家里的规矩办

C 避免讨论这个问题

D 找到家里和幼儿园规矩的不同，告诉孩子

⑨ 从这篇短文，我们可以知道什么？

A 家长要让孩子遵守幼儿园的规矩

B 家里的规矩比幼儿园的规矩重要

C 幼儿园的规矩都是对的

D 幼儿园的规矩比家里的规矩重要

3. 书写

（1）完成句子。

⑩ 要　　孩子的　　培养　　创造力　　我们

⑪ 请　　替　　拥抱一下　　我　　她

（2）写短文

⑫ 请结合下列词语（要全部使用），写一篇 40 字左右的短文。

　　坚强　　能干　　讲究

⑬ 请结合这张图片写一篇 40 字左右的短文。

第 60 课 什么是幸福？

🔍 一、词语

1.	èliè 恶劣	（形）	bad	态度恶劣
2.	shīyè 失业	（形）	unemployed	我失业了
3.	bú nàifán 不耐烦	（形）	impatient	我很不耐烦
4.	míngquè 明确	（形）	clear and definite	合同上写得很明确
5.	zuòwén 作文	（名）	composition	写作文
6.	xíngróng 形容	（动）	describe	用语言难以形容
7.	wēixiào 微笑	（动/名）	smile	对我微笑 / 一丝微笑浮现在脸上
8.	píngjìng 平静	（形）	calm	心情平静
9.	dàodá 到达	（动）	arrive	到达北京
10.	chéngjiù 成就	（名/动）	achievement; accomplish	艺术成就 / 成就大业
11.	juān 捐	（动）	donate	捐衣服
12.	gòngxiàn 贡献	（动/名）	contribute; contribution	把房子贡献出来 / 做出巨大贡献
13.	àixīn 爱心	（名）	compassion	人人贡献一份爱心
14.	dònghuàpiàn 动画片	（名）	cartoon	儿童动画片
15.	cāochǎng 操场	（名）	playground	学校操场
16.	chítáng 池塘	（名）	pond	池塘里全是鱼
17.	tiānzhēn 天真	（形）	naïve	这个想法很天真
18.	tiáopí 调皮	（形）	naughty	他很调皮
19.	yīnsù 因素	（名）	factor	勤奋是成功不可少的因素
20.	yǐngzi 影子	（名）	shadow	水中月亮的影子 / 那件事一点影子也没有

21.	děngyú 等于	（动）	equal	不争取就等于放弃
22.	yíngyǎng 营养	（名）	nutrition	增加营养
23.	àixī 爱惜	（动）	cherish	爱惜东西
24.	bǎochí 保持	（动）	maintain	保持身体健康
25.	xīnlǐ 心理	（名）	psychology	心理学
26.	bùzú 不足	（形／名）	insufficient; shortcoming	准备不足／每个人都有不足
27.	wēnnuǎn 温暖	（形／动）	warm	幸福温暖的家庭／温暖人心
28.	zǒngsuàn 总算	（副）	at last	他总算毕业了
29.	sìhū 似乎	（副）	as if	我们似乎见过
30.	lěngdàn 冷淡	（形／动）	desolate; treat coldly	态度冷淡冷淡／冷淡了朋友
31.	shòushāng 受伤	（动）	be injured	腿受伤了
32.	ānwèi 安慰	（动／形）	comfort; comfortable	安慰病人／女儿的孝顺让她感到安慰
33.	cǎifǎng 采访	（动）	interview	采访总理
34.	lùyīn 录音	（名／动）	recording; record	电影录音／录音机
35.	yīn'ér 因而	（连）	therefore	他没来，因而我帮他打扫教室
36.	cōngmáng 匆忙	（形）	hurried	匆忙离开
37.	xíngrén 行人	（名）	pedestrian	行人注意安全
38.	kèguān 客观	（形）	objective	客观世界／客观存在
39.	zhǔguān 主观	（形）	subjective	主观思想／主观愿望
40.	jiānkǔ 艰苦	（形）	hard, difficult	艰苦的生活
41.	lìkè 立刻	（副）	immediately	下飞机，我立刻给他打电话

42.	tiáozhěng 调整	（动）	adjust	调整方法
43.	gàikuò 概括	（动 / 形）	summarize; brief and to the point	概括相同点 / 简单概括地向大家解释了一下
44.	tōngcháng 通常	（副）	usually	火车通常不晚点
45.	chēngzàn 称赞	（动）	commend	称赞他的奋斗精神
46.	wěndìng 稳定	（形 / 动）	stable; stabilize	稳定的收入 / 稳定物价
47.	shíkè 时刻	（名）	moment	关键时刻
48.	běnzhì 本质	（名）	nature	他的本质不错
49.	biǎomíng 表明	（动）	indicate	表明态度
50.	dùguò 度过	（动）	spend	度过假期
51.	xuéshù 学术	（名）	academic	学术问题
52.	chéngguǒ 成果	（名）	achievement	研究成果
53.	zījīn 资金	（名）	fund	资金不足
54.	chōuxiàng 抽象	（形）	abstract	这几条规定太抽象
55.	xìjié 细节	（名）	detail	细节决定成败
56.	bǎwò 把握	（动）	grasp	把握机会
57.	sī háo 丝毫	（形）	slight; a bit	没有丝毫错误
58.	hūshì 忽视	（动）	ignore	忽视体育锻炼
59.	nǎpà 哪怕	（连）	even if	哪怕工作再忙，他也坚持锻炼
60.	qíngxù 情绪	（名）	mood	紧张情绪
61.	zāogāo 糟糕	（形）	bad	字写得很糟糕

	kòngzhì			
62.	控制	（动）	control	控制情绪
	chéngshòu			
63.	承受	（动）	bear, endure	承受压力
	cǎiqǔ			
64.	采取	（动）	adopt	采取正确态度
	xíngdòng			
65.	行动	（名/动）	action; act	行动自由/大家行动起来
	cháo			
66.	朝	（介）	towards, to	朝我走过来
	bēiguān			
67.	悲观	（形）	pessimistic	悲观态度
	guāngmíng			
68.	光明	（形）	bright	大厅一片光明

 二、对话

A：唉！社会环境越来越恶劣，失业人数越来越多，人们变得越来越不耐烦，报纸上却总在说现在的人越来越幸福。谁能明确告诉我，什么是幸福呢？记得小时候写作文是这么形容的：幸福就是爸爸、妈妈的微笑，一家人平静地生活；幸福就是到达山顶、获得成就；幸福就是捐钱、贡献爱心……但我内心实际觉得的是：幸福就是可以看动画片；幸福就是在操场上踢足球；幸福就是在池塘边玩……我觉得，天真调皮的孩子最容易感觉到幸福，像我小的时候；而随着年龄的增长，现在连幸福的影子我都感受不到了。

B：很多人认为越来越幸福是指物质条件越来越好，但我觉得物质条件不等于幸福。人们吃的越来越有营养，穿得越来越讲究，而精神呢？我们是需要爱惜身体，但身体健康来自精神的因素其实不少于物质，保持心理健康才能创造出更多的幸福。过去，我们物质生活不足，但我们的精神生活能感受到满足，人与人之间也能感觉到温暖。现在总算物质生活没有什么问题了，人与人之间的关系似乎却越来越冷淡了，受伤的心想找到安慰也越来越难了。

A：我听过一段采访录音，根据调查，中小城市的人感觉最幸福。

B：中小城市的人生活压力小，因而街上很难看到匆忙而过的行人；又因为接触的局限很容易满足。满足就会快乐，就会有幸福感。

A：可是，大多数人没有办法选择生存环境啊！

B：环境是客观因素，幸福感更大程度上来自主观因素。人没有目标，生活会觉得没有意义，但目标制定得太高，又会觉得很艰苦，这时就要立刻调整。概括地说，幸福是内心需求的满足。外在目标其实还不是最重要的，重要的是它对内心需求的影响。通常，一个需要别人称赞的人就会尽力让别人满意，他的幸福感来自别人；一个需要稳定生活的人就会自己创造，这种幸福来自自己。另外，幸福是发生在某个时刻，还是整个过程呢？这个问题的本质就表明了一种人生态度，愉快地度过整个过程才能体验到更多的幸福。这种人生态度远比学术成果、亿万资金更有用。

A：说起来容易做起来难啊！

B：幸福虽然很抽象，但对具体细节的把握不能有丝毫的忽视。哪怕情绪再糟糕，也要主动控制情绪，承受情绪，同时采取积极的行动，那样，情绪自然会朝快乐、甚至幸福的方向转变。不要悲观，前途是光明的，幸福是可以争取的。

A：谢谢你！

 三、问答练习

全球气候越来越恶劣，你觉得与什么有关呢？
全球气候越来越恶劣，我觉得与……有关。

他失业了，你要去安慰他吗？
我要去安慰他。/ 我觉得他不需要安慰。

你上次不耐烦是因为什么？
我上次不耐烦是因为……

你明确告诉他，明天不去参加他的婚礼了吗？
我明确告诉他，明天不去参加他的婚礼了。/
我没明确告诉他，明天不去参加他的婚礼。

你写过中文作文吗？
我写过 / 没写过中文作文。

你怎么形容你妈妈呢？
我这么形容我妈妈：……

你觉得哪个国家的人在街上喜欢对陌生人微笑？
我觉得……的人在街上喜欢对陌生人微笑。

你觉得浪漫的生活一定不平静吗？
我觉得浪漫的生活一定不平静 / 不一定不平静。

你来的时候的飞机是几点到达北京的？
我来的时候的飞机是 …… 点到达北京的。

你觉得到目前为止，你的最大的成就是什么？
我觉得到目前为止，我的最大的成就是……

你常常捐钱给别人吗？
我常常 / 不常捐钱给别人。

到现在为止，你对你的家庭的最大贡献是什么？

到现在为止，我对我的家庭的最大贡献是……

你觉得<u>爱心</u>是要求出来的吗？
我觉得爱心是 / 不是要求出来的。

你喜欢看动画片吗？
我喜欢看 / 不喜欢看动画片。

<u>操场</u>上人多吗？
操场上人很多 / 人不多。

你见过养鱼的<u>池塘</u>吗？
我见过 / 没见过养鱼的池塘。

说一个 30 岁的女人<u>天真</u>，是在称赞她，还是在笑话她？
说一个 30 岁的女人天真，我觉得是在称赞 / 笑话她。

你喜欢<u>调皮</u>的孩子还是安静的孩子？
我喜欢调皮 / 安静的孩子。

一天中，人的<u>影子</u>什么时候是最短的？
一天中，人的影子……的时候是最短的。

努力学习<u>等于</u>学习成绩好吗？
努力等于 / 不等于学习成绩好。

你觉得什么水果最有<u>营养</u>？
我觉得……最有营养。

你<u>爱惜</u>东西吗？
我爱惜 / 不爱惜东西。

地球变暖的<u>因素</u>都有什么？
地球变暖的因素有……

你觉得女孩子<u>保持</u>好身材重要吗？
我觉得女孩子保持好身材很重要 / 不重要。

你觉得自己<u>心理</u>健康吗？
我觉得自己心理很健康 / 有点不健康。

你觉得自己身上有什么<u>不足</u>？
我觉得自己身上的不足有……

北京是一个气候<u>温暖</u>的城市吗？
北京是 / 不是一个气候温暖的城市。

妈妈，做完这道题我<u>总算</u>可以休息了吧？
做完这道题你可以休息了 / 你还不能休息。

你<u>似乎</u>瘦了。
我是瘦了。/ 我没瘦。

你对陌生人<u>冷淡</u>吗？
我对陌生人很冷淡 / 不冷淡。

昨天打篮球的时候，你是不是<u>受伤</u>了？
昨天打篮球的时候，我是受伤了 / 我没受伤。

你不高兴的时候需要别人的<u>安慰</u>吗？
我不高兴的时候需要 / 不需要别人的安慰。

你接受过<u>采访</u>吗？
我接受过 / 没接受过采访。

上次课你<u>录音</u>了吗？
上次课我录音了 / 我没录音。

你的朋友没有邀请你参加他的生日晚会，<u>因而</u>你就不和他做朋友了吗？
我的朋友没有邀请我参加他的生日晚会，因

而我就不和他做朋友了 / 但是我还是会和他做朋友。

现在的社会，人为什么都那么匆忙呢？
现在的社会，人都那么匆忙是因为……

晚上，你家门口的路上行人多吗？
晚上，我家门口的路上行人很多 / 行人不多。

这件事他确实有错，但是否也存在一些客观的原因呢？
我认为确实存在 / 并不存在客观的原因。

从主观上讲，你认为他打人是正确的吗？
从主观上讲，我认为他打人是正确 / 不正确的。

你觉得生活条件艰苦对孩子的成长是好事还是坏事？为什么？
我觉得生活条件艰苦对孩子的成长是好事 / 坏事，因为……

下课后，你立刻回家吗？
下课后，我立刻 / 不立刻回家。

我们需要随时调整我们的学习目标吗？
我们需要 / 不需要随时调整我们的学习目标。

你可以概括今天话题的主要意思吗？
我可以 / 不能概括今天话题的主要意思。

你通常几点吃早饭？
我通常……点吃早饭。

大家都称赞你是个学习刻苦的学生，你觉得呢？

我觉得我是个 / 不是个学习刻苦的学生。

你一定要找稳定的工作吗？
我一定 / 不一定要找稳定的工作。

你认为人生中有哪些美好的时刻？
我认为……都是人生中美好的时刻。

你相信大多数人本质是好的吗？
我相信 / 不相信大多数人本质是好的。

你对他表明态度，说你喜欢他了吗？
我对他表明态度，说我喜欢他了。/ 我没对他表明态度，说我喜欢他。

你的小学生活是在哪儿度过的？
我的小学生活是在……度过的。

你写过学术报告吗？
我写过 / 没写过学术报告。

你的研究成果给病人带来好处了吗？
我的研究成果给病人带来好处了 / 没带来好处。

你有自己做生意的资金吗？
我有 / 没有自己做生意的资金。

你喜欢抽象画吗？
我喜欢 / 不喜欢抽象画。

你知道"细节决定成败"这句话吗？
我知道 / 不知道"细节决定成败"这句话。

你通常能把握住机会吗？
我通常能 / 不能把握住机会。

一年没见了，我真的丝毫没变吗？

你真的丝毫没变。/ 你有一点儿变化。

你打算采取什么办法提高学习效率呢？

我打算采取……的办法提高学习效率。

你觉得可以忽视孩子的学前教育吗？

我觉得可以 / 不可以忽视孩子的学前教育。

90 岁的人，行动都不方便吗？

90 岁的人，行动都不方便 / 不是都不方便。

哪怕明天下雨，你也去爬山吗？

哪怕明天下雨，我也去爬山。/ 如果明天下雨，我就不去爬山了。

你喜欢控制别人吗？

我喜欢 / 不喜欢控制别人。

你的情绪变化大吗？

我的情绪变化很大 / 不大。

你的房间朝哪边？

我的房间朝……

我今天的工作表现是不是很糟糕？

你今天的工作表现是 / 不是很糟糕。

悲观的人生活幸福吗？为什么？

悲观的人生活幸福 / 不幸福。因为……

你觉得身体受伤和心理受伤，哪一个更容易承受？

我觉得身体受伤 / 心理受伤更容易承受。

你觉得你的前途是光明的吗？

我觉得我的前途是 / 不是光明的。

四、练习

1.听力：请选出正确答案。

① A 全球失业率增高是因为人口的问题

B 全球失业率增高是因为经济的问题

C 中国只 40 岁以上的人失业率增高了

D 中国不光 40 岁以上的人失业率增高了

② A 她对国家贡献不大   B 她的学术论文没学完

C 她看不到可以申请到资金的影子 D 她是否能拿到资金靠很多因素

③ A 唱歌   B 发脾气

C 大哭   D 换环境

④ A 情绪都是错的   B 情绪没有对错

C 调整情绪很难   D 控制不发脾气很难

2. 阅读

（1）请选出正确答案。

不管人们是否认识它、是否知道它、是否承认它，它都照样存在，就是（　　　）的。客观既包括有形的，也包括无形的。人们想问题、做事情，都属于主观的。客观决定主观，主观能反映客观，并对客观具有能动作用。当主观正确反映客观、并作用于客观时，对客观事物的发展起促进或推动作用；反之，对事物的发展就起阻碍作用。（　　　），要想推动社会的发展，必须使主观符合客观。

⑤ A 主观　　　　　B 客观　　　　　C 有形　　　　　D 无形
⑥ A 因而　　　　　B 如果　　　　　C 虽然　　　　　D 哪怕

（2）请选出正确答案。

⑦ 心理健康是指人们对环境及相互关系的高效率的积极的适应状况。保持心理健康的五个方法是：第一，有爱心，并去感受爱，爱可以使人心理更健康。第二，调整情绪，把不良情绪发出来，带走不健康的"空气"。第三，接受善意的批评，了解自己的不足，增强心理承受能力。第四，有明确的目标，时刻保持积极的心态。第五，忽视别人的错误，也不要自己和自己过不去，减轻心理压力。

A 心理健康就是每天都很快乐。

B 爱可以让人心理更健康。

C 情绪稳定的人心理更健康。

D 不和自己过不去的人心理一定是健康的。

（3）请选出正确答案。

听完《中国营养改善行动计划》的相关内容和采访的录音，我了解到一些中国食物与营养政策问题，概括起来，有以下几点：

◇ 中国南方人的饭菜通常更有营养，得到了专家学者的称赞。

◇ 中国饭菜中油的成分太高，我们应该立刻采取行动，加大宣传力度，控制油的食用。

◇ 中国猪肉吃得太多，专家建议多吃鸡肉来代替猪肉，而且，鸡肉对身体的健康更有好处。

◇ 从营养角度看，豆类产品的营养价值较高；从经济角度看，美国专家曾说，"未来10年最能获得成功、最有市场力的商品是中国豆腐"。因而，中国应大力增加豆制品的生产和消费。

◇ 帮助穷人不只是捐款捐物，中国应将促进营养健康、爱惜生命放入帮助穷人的内容中。

⑧ 下面哪项不是《中国营养改善行动计划》所说的内容？

A 鸡肉比猪肉更有营养　　　　B 豆制品比较有营养

C 油少的食物更有营养　　　　D 贵的食物更有营养

⑨ 从这篇短文，我们可以知道什么？

A 我们要把营养健康知识告诉穷人

B 我基本听明白了《中国营养改善行动计划》

C 中国南方的饭菜比北方更有营养

D 我基本看明白了《中国营养改善行动计划》

3. 书写

（1）完成句子。

⑩ 操场　　怎么有　　旁边　　池塘　　呢

⑪ 请　　写一篇　　作文　　关于　　动画片的

（2）写短文

⑫ 请结合下列词语（要全部使用），写一篇 40 字左右的短文。

哪怕　　成就　　总算

⑬ 请结合这张图片写一篇 40 字左右的短文。

单元练习二

1. 听力：请选出正确答案

① A 工人　　　　　　B 农民　　　　　C 学生　　　　　　D 教师

② A 刚和女朋友分手很伤心　　　　　　B 感谢妈妈对自己的关心

　　C 不希望妈妈给自己介绍女朋友　　　D 不想再交女朋友了

③ A 更关心国际政治　　　　　　　　　B 希望当官

　　C 是一个老百姓　　　　　　　　　　D 在政府部门当领导

④ A 女的病完全好了　　　　　　　　　B 男的帮女的办好了出院手续

　　C 女的想出院吃药治疗　　　　　　　D 女的的手术很成功

⑤ A 男的想让女的买那件衣服　　　　　B 女的觉得那件衣服的设计师没有名

　　C 女的想买那件衣服　　　　　　　　D 女的不喜欢那件衣服的设计和制作

⑥ A 做培训　　　　　　　　　　　　　B 写论文

　　C 参加关于中国历史的演讲比赛　　　D 教育孩子

⑦ A 男的生病了　　　　　　　　　　　B 男的的孩子发烧了

　　C 男的想给自己挂内科急诊号　　　　D 女的在医院工作

⑧ A 她已经正式在报社上班了　　　　　B 她的梦想是做编辑

　　C 她更喜欢做记者的工作　　　　　　D 她知道报社的待遇很好

⑨ A 想去看最新文学作品展览　　　　　B 认为经典作品的文字很优美

　　C 不喜欢经典文学作品　　　　　　　D 很喜欢经典文学作品中的描写

⑩ A 老师和学生　　　　　　　　　　　B 同事

　　C 同学　　　　　　　　　　　　　　D 丈夫和妻子

⑪ A 阴天　　　　　　　B 晴天　　　　　C 雨天　　　　　　D 雪天

⑫ A 男的坐长途车是因为汽车坏了　　　B 工厂的产品往国外销售

　　C 女的是一个老板，喜欢经商　　　　D 男的不太关心工厂的业务

⑬ A 保护动物小组　　　　　　　　　　B 城市形象设计大赛

　　C 农村小学教师志愿者　　　　　　　D 地震后期服务

⑭ A 老人文化活动中心　　　　　　　　B 医院

　　C 政府部门　　　　　　　　　　　　D 计算机企业

⑮ A 喜欢热闹的人　　　　　　　　　　B 喜欢当领导的人

　　C 喜欢帮助别人的人　　　　　　　　D 孤单的人

2.阅读

（1）请选出正确答案。

今天的讲座是一个汉语课（　　　　）活动，如果大家有问题，可以（　　　　），手中的（　　　　）也可以带回去，上面有我们的联系方式，欢迎随时联系我们。想报名上课的朋友，可以去学校办公室（　　　　）。谢谢大家！

⑯ A 广告　　　　　B 推广　　　　　C 展览　　　　　D 教学

⑰ A 申请　　　　　B 考虑　　　　　C 讨论　　　　　D 提问

⑱ A 宣传册　　　　B 考试资料　　　C 书　　　　　　D 杯子

⑲ A 办手续　　　　B 上课　　　　　C 提意见　　　　D 选老师

两个人在讨论婚礼的问题。

男的说："为了（　　　　）一些钱将来过日子，我希望婚礼简单些。"

女的说："婚礼对女孩子来说是一个梦，我不想浪费，但我希望完美而有意义"。

男的说："你有什么具体打算呢？"

女的说："婚纱照就不（　　　　）了，照出来的人看着都有点假。但婚礼那天一定要请摄影师，那天的一切都是实际发生的，我希望找个专业制作的人，我自己（　　　　），留下一张有我们自己特点的DVD。不用请太多人，只是亲人和最好的朋友，不去很高档的地方，但要和别人不一样，例如电影餐厅。"

男的说："好，你来安排，都听你的！"

⑳ A 消费　　　　　B 节省　　　　　C 使用　　　　　D 利用

㉑ A 摄　　　　　　B 带　　　　　　C 拿　　　　　　D 拍

㉒ A 制作　　　　　B 摄影　　　　　C 设计　　　　　D 安排

（2）请选出与试题内容一致的一项。

㉓ 在销售工作中，说服别人自然需要一些方法，但不轻易停止努力、坚持下去的精神也是必要的，因为这样的行为在感动客户的同时，也会让他们相信，他们所花的钱会有所值的。

A 坚持说服客户在销售工作中也是必要的

B 感动客户在销售工作中很重要

C 说服客户需要各种各样的方法

D 销售工作中要选择容易说服的客户

㉔ 穷和富与培养孩子的关系：穷是重要的教育资源，但显然并非越穷越有利于孩子的成长，做父母的，需要给孩子提供基本的文化资源，不能让孩子因为穷而不快乐；富是另一种更高级的教育资源，但更高级的教育资源需要有更高级的教育方法，否则，这样的家庭将给孩子的成长带来灾害。

A 越穷越有利于孩子的成长

B 孩子可能因为穷而不快乐

C 富的家庭会给孩子的成长带来灾害

D 穷和富与培养孩子没有关系

㉕ 我让同学们用"难过"写一个句子，一个学生写：我渴了，老师不让我喝水，我的嘴很难过。看句子的时候，我忍不住笑了，然后我写：老师也很难过，但不能说老师的眼睛很难过。你的"难过"用错了，你忘记"难过"是用来描写人的。

A 学生写的句子是对的。

B 老师心里很难过。

C 老师的眼睛很难过。

D 老师的心很难过。

（3）请选出正确答案。

人的一生都在学做人，这是没办法毕业的。学得好，就能更好地掌握命运。

首先，要学习承认错误。向父母、朋友、广大老百姓，甚至儿女认错。这样做，不但不会失去什么，反而会因为诚恳的态度让大家更喜欢你。

其次，要学会沟通。沟通不够，会产生是非、争吵与误会，相互了解、相互帮助，才能双赢。

第三，要学会放下。人生就像行李箱，用的时候拉起来就走，不用的时候就放下，总是拉着行李箱会很痛苦，只有放下才能更好地成长。

第四，要学习感动。我们要用欣赏的眼光看别人，看到别人的优点，要高兴；看到好人好事，要能感动。几十年来，有很多事情、语言感动了我，所以我也会尽力去感动别人。

此外，要学会生存。健康对每个人都很公平，是靠个人经营的，身体健康是生存的基础，不但对自己有利，也让朋友、家人放心。学习生存也包括养活自己的能力。

不管你是普通工人、农民还是商人，学习就会有进步。让我们从今天开始，努力学习做人吧！

㉖ 这篇短文告诉我们什么是不可能毕业的？

    A 学习做饭   B 学习做人

    C 医学专业   D 教育子女

㉗ 下面哪个不是这篇短文告诉我们的学习做人的内容？

    A 学习感动   B 学会沟通

    C 学会承认错误   D 学习不发脾气

㉘ 这篇短文中没提到的沟通不够的后果是什么？

    A 产生争吵   B 产生误会

    C 产生是非   D 产生伤害

㉙ 这篇短文没告诉我们什么？

    A 要学习做人   B 要学习做事

    C 要学会生存   D 要学会放下

高中的时候，由于物理、化学成绩不好，我没有考上理想的大学，但我相信，社会是公平的，只要我努力，将来也一定会大有前途的。大学毕业前，我用功学习四年终于换来了优秀的毕业论文，那篇论文后来还被相关媒体发表了。

面临大学毕业分配的时候，国家开始不安排工作了，毕业生们不得不自己联系工作单位。因为我的学校不是名牌大学，没有什么优势，所以我的运气并没有好起来。我给很多大公司发了简历，但一直没有消息。我只好做一些与我的专业有关的兼职工作挣一些钱，以保证我的生活。经过不断的努力，我后来被一家进出口贸易公司录取了。

到单位报到上班以后，我刻苦研究专业，把学过的知识用于实践，再单调的工作我也能愉快地完成。最初，我只是一个普通工作人员，经过不断努力，目前，我担任了公司部门经理，负责公司和海关打交道的所有工作。

我会继续努力，我相信我的明天会更好。

㉚ 高中的时候，我哪两门功课不好？

    A 化学、数学   B 物理、化学

    C 数学、历史   D 历史、物理

㉛ 大学刚毕业的时候，我的情况怎么样？

    A 很快找到了工作   B 做一些兼职工作

    C 不想找工作   D 被一家进出口贸易公司录取了。

㉜ 目前，我在公司担任什么职务？

    A 部门经理   B 总裁

    C 总经理   D 小组长

㉝ 这篇文章告诉了我们什么？

    A 只要努力，任何人都会成功的   B 毕业后要先做一些兼职工作

    C 进出口贸易公司比别的公司强   D 国家不安排工作的坏处

3. 书写

（1）完成句子。

㉞ 差距   教育背景的   逐步   缩短   老百姓

㉟ 申请   经营公司   营业执照   要   以前

㊱ 面前   法律   平等   人人

㊲ 电视的   宣传片   一个功能   是   播放

㊳ 合法   经商   义务   是   每个商人的

（2）写短文

㊴ 请结合下列词语（要全部使用），写一篇80字左右的短文。

    迟早   伤害   单纯   遗憾   疯狂

⑩ 请结合这张图片写一篇80字左右的短文。

第51课

1. 女：欢迎光临，请自己照顾好自己，吃好、喝好！

男：恭喜啊！祝福二位新婚快乐，猪年幸福，早生贵子，百年好合！

问：男的最可能在参加什么活动？

2. 男：你怎么那么敏感？那么爱吃醋？

女：女人都很敏感的，我这样是因为我在乎你。

男：我觉得太敏感是因为你没有安全感，担心太多。不过，我还是很愿意听你表达你的感受的。

女：我以后要多参加俱乐部活动，多交朋友，听说这样可以增加安全感。

问：女的认为怎么可以增加安全感？

3. 人和人之间的很多矛盾都是因为沟通不够造成的。传统文化影响下的中国人不常常表达各自的感受，而且认为吵架是不对的。人的思想是猜不出来的，说出来别人才能知道。吵架也不要紧，争论其实是人们相互了解的方式之一。时代进步了，人和人的相处方式也需要进步，你们说呢？

问：下面哪种沟通方式是错误的？

4. 根据这段话，我们可以知道什么？

第52课

1. 男：老婆，你最近承担了家里的全部家务，辛苦你了！

女：虽然我们应该一起承担家务，但是你最近不是公司忙吗，我多做点也是应该的。

问：女的主要是什么意思？

2. 男：任何家庭都是有矛盾的，你怎么会想到我和妈妈要离婚呢？

女：妈妈总给我讲王子和公主的故事，他们最后都是过上了幸福快乐的生活。你们总吵架，不会离婚吗？

男：那是小说，现实的生活是不一样的，生活中不会总那么顺利。你长大了，成熟了，就懂了。

女：我知道你们疼爱我，但我还是觉得你们应该过幸福快乐的生活。

问：女孩儿对幸福婚姻的理解是什么？

3. 我们家是个大家庭，关系很密切。姥姥、姥爷，爷爷、奶奶都和我们住在一起。要和长辈住在一起的观念现在已经改变了，但我父母却很享受这种日子。我的姑姑和舅舅住得也离我们很近，空闲的时候，他们常常来看我们。他们尊敬老人，疼爱我，也会为我的学习操心。这么多人相处，当然也会出现问题，但总是很快就过去了。

问：我们家这个大家庭是怎么相处的？

4. 根据这段话，我们可以知道什么？

第53课

1. 男：你真会讨价还价，这么时髦的衣服才花了这么点儿钱！

女：都是我的中国朋友教我的。在中国，特别是在小市场买东西，讨价还价后是可以便宜很多的。

问：女的主要是什么意思？

2. 男：这张光盘是你买的吗？里面的音乐真好听。

女：这张光盘里都是古典音乐，你不是一直喜欢现代音乐吗？

男：我是很喜欢现代音乐，但如果古典音乐很浪漫，我也喜欢。而且，我并不喜欢所有的现代音乐，很快、很闹的，我就不喜欢。

女：我明白了，你喜欢的音乐只要浪漫就行，不管是古典的还是现代的。

问：男的喜欢什么音乐？

3. "淡"和"清淡"的意思不完全一样。关于饭菜，"淡"的意思是不咸；"清淡"除了指不咸，还指不油、不辣等，是食物味道不重的意思。油炸食品、让人要流泪的辣椒炒豆腐一定不清淡。"淡"还指颜色本身不重，例如淡绿色；而"清淡"可以指茶水、汤等颜色、口味儿不重，例如"清淡的茶"。另外，"淡"也指关系不密切。例如"我们的关系很淡"。

问："淡"和"清淡"都可以指什么？

4. 根据这段话，我们可以知道什么？

第 54 课

1. 男：近代战争历史告诉我们，一个国家的军事力量很重要。

女：我觉得，和平最重要。地震等自然灾害已经威胁人类的生活了。我们人类

为什么不联合起来面对和大自然的战争，还要自己威胁自己呢？

问：女的主要是什么意思？

2. 男：美国政府的新总统怎么样？美国人的生活水平改善了吗？

女：毕竟还不到一年，还看不出来。而且，美国经济不好已经很久了，需要时间改善。

男：美国人喜欢这个新总统吗？

女：大多数人很喜欢他，因为他虽然家庭条件不好，但他很努力，奋斗了很多年才成为今天的总统。而且他怎么做好总统的观点基本也满足了大多数美国人的期待。

问：美国这个总统怎么样？

3. 黄金和白银在古代的中国并不多，在世界上，也不是很多。随着科学技术的提高，黄金和白银才多起来。三十多年前，我记得黄金很值钱，银子就已经不那么值钱了。后来，黄金的价格就下降了，我记得最低的时候才 70 多元一克。再后来，黄金慢慢开始上升，也到过短期顶点。现在黄金是 200 多一克。很多国家政府都留有黄金，因为有价值。但黄金不可以当钱用。

问：黄金这么多年价格怎么样？

4. 根据这段话，我们可以知道什么？

第 55 课

1. 男：你游览过北京的什么名胜古迹？

女：我游览过长城、故宫、天安门等等。

我其实对名胜古迹不感兴趣，我更喜欢和中国人聊天，了解中国人吃什么，想什么。

问：女的主要是什么意思？

2. 男：我曾经看到一个报道，说在美国哈佛（Hāfó, Harvard）大学的图书馆，夜里同学们都在学习，大家都充分利用大学时光，刻苦努力。

女：我也总看到相关报道说，谁学习有多刻苦，总是熬夜。但我不明白，难道学习效率不比时间长短更重要吗？学生们白天都干什么去了？

男：学习时间和学习效率一样重要啊！学生能吸收多少知识，是这两方面共同作用的结果。

女：在相同时间，还是效率高的同学学习效果更好。我还是觉得，会学习的人更应该会休息。

问：下面哪个观点是男的的观点？

3. 在中国，工人的身份好像一直比农民高一点。如果说，你很"农民"，意思是说，你知道得很少。而在欧洲和美国，工人有很多种，除了在工厂劳动的工业工人，还包括在农村给农民打工的农业工人。所以，欧美国家的农民，是指干少量农活，甚至不干农活的人，他们以从事农业经济活动为职业，是土地或其他农业资源的所有者。欧洲国家的农村，逐步增多的不仅是工人，还有农业的工业化发展。这反映了工业和农业、工人和农民的意思更加复杂了。

问：欧洲"农民"的意思是什么？

4. 根据这段话，我们可以知道什么？

单元练习一

请选出正确答案。现在开始第 1 题：

1. 男：我们的婚礼明年 2 月举行，怎么样？

女：我觉得还是 5 月吧。

问：女的主要是什么意思？

2. 男：关于你和我妈妈的矛盾，你是怎么想的？

女：你妈妈的思想怎么那么传统？如果你不能处理好我们之间的矛盾，我就和你离婚。

问：关于女的和男的的妈妈的矛盾，下面哪个是正确的？

3. 男：外面简直冷死了，你要去哪儿啊？

女：我习惯睡觉前去酒吧喝杯酒。

问：关于男的，下面哪个是正确的？

4. 女：俱乐部的活动你参加了吗？

男：参加了。这次来了很多专家，他们的发言都很精彩，我学到了很多东西。

问：男的主要是什么意思？

5. 男：妈妈，为什么每个故事的最后都是王子与公主过上了幸福的生活？我将来也可以找到一个公主，过幸福生活吗？

女：儿子，你的想法会实现的。快睡吧！

问：现在最可能是什么时候？

6. 男：你饿吗？你想吃辣椒炒海鲜吗？附近有个地方做的这个菜很好吃，我们去吃吧？

女：对不起，我不爱吃海鲜。我们去尝尝油炸豆腐吧！

问：关于女的，我们可以知道什么？

7. 女：您好！欢迎光临！您预订了吗？

男：我预订了一个标准间，我姓李。我想要一个风景好一点的房间。

女：李先生，您的房间号是1802，在18层。电梯在右边。

男：谢谢！

问：根据对话，下面哪个是正确的？

8. 男：南方又地震了！不知道死没死人，损失有多少。

女：财产的损失不重要，重要的还是人的生命。为什么这两年发生那么多自然灾害？

男：自然灾害是我们很难逃避的。

女：可以的。多研究自然规律，随着科学的发展，有些灾害是可以避免的。

问：关于女的，我们可以知道什么？

9. 女：放点醋吧！吃饺子放醋味道才地道。

男：好，我试试。用放酱油吗？

女：那要根据你的口味，如果想吃咸一点，就放酱油。

男：我喜欢吃淡的，那就不放了。

问：关于男的，我们知道什么？

10. 男：我小时候和外公、外婆一起长大，我舅舅对我也很好。

女：我听说南方叫外公、外婆，北方叫姥姥、姥爷。

男：是的，我是南方人。我大学毕业后留

在北京的。

女：那有时间我去你的家乡看看。

问：女的想做什么？

第11到12题是根据下面一段对话：

男：我想买个沙发。

女：硬一点儿还是软一点儿的？

男：我喜欢软沙发。

女：您看这个可以吗？很古典。

男：这个太窄了，我想买宽一点的，而且我喜欢现代的。

女：那个呢？又现代又休闲。

男：那个还可以，但是红色的我不喜欢。

女：您喜欢什么颜色的沙发？

男：黑色的。

11. 她们最可能在哪儿？

12. 男的喜欢什么沙发？

第13到15题是根据下面一段话：

上中学的时候，学校经常测验，很多学生喜欢熬夜复习，我却宁可睡觉，否则第二天没精神，根本发挥不好。

我不是个学习勤奋的孩子，妈妈也从没在乎过我的学习成绩。我成绩好的时候，妈妈会说，我家姑娘就是聪明，以后要继续努力；我成绩不好的时候，妈妈会说，不要紧，不会的题仔细看看，下次就会了。我很享受妈妈这样的教育，我就是这样逐渐进步的。

13. 我为什么不熬夜复习准备测验？

14. 妈妈是怎样关心我的学习的？

15. 根据这两段话，我们可以知道什么？

第 56 课

1. 男：你是什么学历？学了什么专业？你是怎么知道我们公司在招聘的？

   女：我博士研究生毕业，学的是会计。我还考过了注册会计师。我是在一家中介的网站上看到你们公司的招聘信息的。

   问：关于女的，我们知道什么？

2. 男：我们的孩子快出生了，你都有什么愿望？

   女：我希望我的身材很快又可以苗条起来，希望孩子可以快乐成长。

   男：那你是否希望孩子将来出国留学呢？

   女：无所谓。我不在乎孩子将来是否一定成功，也不在乎他将来是否有很高的地位，我只想培养他具备良好的品质，将来能掌握自己的命运。

   问：女的希望孩子将来怎么样？

3. 同样的事物，不同的人会有不同的理解，这与人的经历、背景、体会有关。同一张画，有的人欣赏，有的人批评，有的人没有什么深刻的感受。而画画的人，面对同样一个场景，画出的作品也会表达出完全不同的内容，这显然不光是作者具备的能力问题，还反映了作者的内心世界。所以，一个人看到的，其实是他内心所具有的。

   问：作者画出的作品可以反映什么？

4. 根据这段话，我们可以知道什么？

第 57 课

1. 男：你去那个单位做专职还是兼职？待遇怎么样？

   女：我做兼职。我还没从学校毕业呢！我只是想找个锻炼的机会，没有谈待遇。我的运气不错了，好多同学都找不到去大型公司工作的机会。

   问：关于女的，我们知道什么？

2. 男：听说你儿子被一个名牌医科大学录取了，祝贺你。他将来一定很有前途的。

   女：谢谢你。你儿子明年也要考大学了，你也会为他感到自豪的。

   男：他学习不怎么刻苦，物理、化学经常刚及格，考不上什么好学校的。

   女：有的学生到最后一年才开始用功，而且面临考试的时候，也一点不紧张，最后超水平发挥。放心吧，你儿子一定不会让你失望的。

   问：男的和女的的儿子各自怎么样？

3. 人年龄大了，身体不如从前了，很容易出现各种小毛病。积极治疗还是必要的，但不要过于担心，心情好有时候比吃药还有用。没退休的，业余时间多参与单位的集体休闲活动；退休的，想想年轻时的梦想，重新追求一次。另外，让老年人自豪的其实不是有多少钱，而是有个健康的身体。我们不要到老了才感到遗憾：我为什么年轻时没爱惜自己的身体呢！

   问：这段话中，让老年人自豪的是什么？

4. 根据这段话，我们可以知道什么？

第58课

1. 男：说服他去完成那个制作任务好像不太
   容易。很明显，他对那个工作不感兴
   趣。此外他目前还有很多工作没完成。

   女：你尽力去做吧！

   问：女的主要是什么意思？

2. 男：今天讲座的资料在哪儿？我怎么没
   看见？

   女：都在光盘里面，是一些具体实践方面
   的内容，这样的培训学生们会更喜欢。

   男：那么今天的内容只是播放光盘吗？

   女：光盘播放完后，还要让学生们讨论。
   另外，我还带了一些补充资料，会和
   学生们一起分析一下。

   问：今天的讲座，女的不准备做什么？

3. 一个公司的销售人员代表了一个企业的形
   象，所以培训工作是十分必要的。怎么选
   择目标客户呢？这需要经验，需要老员工
   的指导。怎么说服别人买公司的产品呢？
   也不是那么简单的。有些人说话夸张，常
   常夸大产品功能，这明显是不合适的，这
   样迟早会给客户留下不老实的印象。我们
   不能瞎说，我们要专业地推广我们的产品，
   始终把客户的利益放在第一位，才能真正
   得到老百姓的信任，卖出我们的产品。

   问：下面哪种情况与销售人员卖出产品
   无关？

4. 根据这段话，我们可以知道什么？

第59课

1. 男：常常看到很多地方的草地上写着"爱
   护小草"，但是在很多国家，大家在草
   上休息、聊天、甚至踢球，很快乐。
   那么，我们到底可不可以坐在草上呢？

   女：我也不知道，大概草多的国家就可以，
   草不多的国家就不可以吧！

   问：女的主要是什么意思？

2. 男：最近听说美国校园又发生了枪杀事件。
   美国真的那么不安全吗？

   女：我是美国人，我觉得美国大部分地区
   还是很安全的，特别是中心城市。

   男：我还是有点害怕。学校要派我去美国
   做交换生，我都没勇气去了。

   女：不用害怕。美国人可以拿枪，所以枪
   杀事件比较多，这并不代表美国不安
   全。每个国家都有不安全的成分，只
   是使用的工具不同。

   问：美国为什么有那么多枪杀事件？

3. 老公，我们的新邻居绝对是刚移民到中国
   的。据我观察，他仿佛不太了解中国文化。
   对比别的邻居，和他们相处还是相当难的，
   他们的某些行为很独特。我分别说两个例
   子。一个是，我想和女主人聊她的感情问
   题，她不愿意也没关系，却强调说我不礼
   貌。另一个是，我们请他们吃饭，他们也
   没回请我们。但她们也是很热心的。我还
   想和女主人合作接送孩子呢，我要谨慎点，
   考虑清楚再说。

问：老婆觉得新邻居怎么样？

4. 根据这段话，我们可以知道什么？

第 60 课

1. 男：由于人口的增多，中国 40 岁以上的人失业率逐年增高。

   女：其实，各项数据表明，每个年龄的失业率都在增高，而且全球都是这样，除了人口的问题，更重要的是经济的问题。

   问：女的主要是什么意思？

2. 男：你的学术论文什么时候完成？

   女：今年的研究资金没有了，还没有什么成果，怎么写论文？我还没开始写呢！估计没机会写了。

   男：不要那么悲观，申请明年的研究资金啊。你对国家贡献那么大，一定能申请到的。

   女：是否可以拿到资金要看很多因素。反正，我目前一定能拿到的影子也看不到。

   问：女的为什么没有把握拿到研究资金？

3. 谁没有情绪呢？关键是怎么调整情绪，让自己从坏情绪中走出来。第一，接受自己的坏情绪，知道情绪没有对错。第二，要自我鼓励，自己安慰自己，让受伤的心逐渐平静。第三，看幽默电影，听音乐，或换个环境，转移悲伤。第四，任何事情都有两面，试着去找好的方面。第五，把情绪发泄出来，可以和朋友聊天、大哭，但一定要尽量控制脾气，少把自己的不快带

给别人。

   问：下面哪个不是调整情绪的好方法？

4. 根据这段话，我们可以知道什么？

单元练习二

请选出正确答案。现在开始第 1 题：

1. 男：你生活在农村还是城市？

   女：我是工人，生活在城市，但是我爸爸妈妈生活在农村，从事农业劳动。

   问：女的的身份是什么？

2. 女：她年纪 30 岁左右，身高 168 厘米，身材苗条，学历硕士，家庭背景不错。你见见她，会有感觉的。

   男：妈妈，我刚和女朋友分手，不想这么快交新的女朋友。我感激您的关心，但请您不要再给我介绍了。

   问：儿子主要是什么意思？

3. 男：我虽然只是个普通人，但我最关心的是国家政治，特别是国内政治。我希望政府能真正在乎广大老百姓的利益。

   女：你应该去当官。

   问：关于男的，下面哪个是正确的？

4. 女：医生说手术很成功，明天就可以出院了，但要继续吃药治疗。

   男：放心吧，你很快就会好起来的，我明天来帮你办出院手续。

   问：根据对话，我们可以知道什么？

5. 男：还是买这件衣服吧？你看这件衣服色彩多漂亮，又是由这么有名的设计师设计，制作也那么完美。

女：反正我不喜欢。

问：根据对话，我们可以知道什么？

6. 男：你有关于天安门广场的历史资料吗？我培训要用。

女：什么培训？中国历史文化培训？

男：是的。

问：男的要天安门广场的历史资料做什么？

7. 男：你好，挂个急诊号。我孩子感冒了，很严重。

女：别着急，孩子发烧吗？

男：不烧，但一直不吃东西。

女：给您，这是内科急诊的号，在二层。

问：根据对话，下面哪个是正确的？

8. 男：你已经去单位报到了？你们单位待遇怎么样？工资高吗？

女：我还不知道，我还在实习。

男：那是一个很有名的报社，你一定会很有前途的。你在哪个部门啊？

女：我在编辑部门做编辑工作，但我的梦想是做记者。

问：关于女的，我们可以知道什么？

9. 女：明天我们去看最新文学作品图书展览吧？

男：我不去了，我还是觉得经典作品更值得看，书中的文字更优美。

女：是的，经典小说的描写我也很难忘，虽然离现实生活很远。我觉得新的文学作品中表达的内容与我们更相关，更容易理解。你要学着接受新事物。

男：好吧，那我明天陪你去看看。

问：关于男的，我们可以知道什么？

10. 男：我们终于下课了。我想问您一个问题，教外国人汉语有意思吗？

女：反正我喜欢这个工作。学生有进步的时候，我的感觉是很快乐、很幸福的。我喜欢这种感觉。

男：显然不是人人可以做的。当好对外汉语老师需要具备什么条件呢？

女：除了具备专业条件外。我觉得热爱这个工作最重要。

问：男的和女的最可能是什么关系？

第11到12题是根据下面一段对话：

男：整个天空都暗下来了，是不是要下雨？

女：听说傍晚有雨。

男：我还要坐长途车去工厂呢，怎么要下雨了呢？

女：你都是老板了，还坐长途车？

男：我很怀念大学放假的时候坐长途车回家的情景，所以，不忙的时候，我总喜欢再体验一下那种感觉。

女：你的工厂是制造什么的呢？

男：都是一些小的出口产品，没什么利润，所以更多的时候我更关心公司的其他业务。

女：做老板总比我们打工的好啊！

男：现在经商很不容易啊！

11. 她们谈话时是什么天气？

12. 根据对话，下面哪句话是对的？

第13到15题是根据下面一段话：

业余时间，我喜欢丰富自己的生活。从前，我经常参加一些集体活动，例如，到医院做志愿者，参加保护环境的组织，参加城市形象设计大赛等等。回忆起这些经历，我就感觉很幸福。

几年前，我从一家大型计算机企业退休了。除了继续参加以前的活动，我还在老年活动中心教一些老人电脑软件、硬件的知识，和他们一起上网。现在互联网这么方便，老人们学会了其中的一些功能，不但可以使生活更方便，还可以作为一种爱好享受其中。

13. 老人退休前参加过什么集体活动？

14. 老人退休前在什么单位工作？

15. 根据这两段话，这个老人是个什么样的人？

生词表（上）

A

1. 唉 / 53
2. 爱护 / 59
3. 爱惜 / 60
4. 爱心 / 60
5. 安慰 / 60
6. 暗 / 55
7. 熬夜 / 52

B

8. 把握 / 60
9. 傍晚 / 55
10. 包括 / 55
11. 保持 / 60
12. 保险 / 52
13. 报到 / 57
14. 报道 / 52
15. 报告 / 55
16. 报社 / 57
17. 抱怨 / 51
18. 悲观 / 60
19. 背景 / 56
20. 本科 / 52
21. 本领 / 57
22. 本质 / 60
23. 比例 / 55
24. 彼此 / 52
25. 必要 / 58
26. 毕竟 / 54
27. 弊 / 53
28. 避免 / 54

29. 编辑 / 57
30. 辩论 / 54
31. 表达 / 51
32. 表面 / 52
33. 表明 / 60
34. 表现 / 54
35. 病毒 / 53
36. 播放 / 58
37. 补充 / 58
38. 不安 / 58
39. 不得了 / 51
40. 不断 / 52
41. 不见得 / 52
42. 不耐烦 / 60
43. 不如 / 52
44. 不要紧 / 51
45. 不足 / 60
46. 步骤 / 51
47. 部门 / 57

C

48. 财产 / 54
49. 采访 / 60
50. 采取 / 60
51. 参与 / 57
52. 操场 / 60
53. 操心 / 52
54. 册 / 58
55. 测验 / 52
56. 差距 / 55
57. 产品 / 57

58. 产生 / 52
59. 长辈 / 52
60. 长途 / 55
61. 常识 / 52
62. 抄 / 57
63. 超级 / 53
64. 朝 / 60
65. 潮湿 / 59
66. 吵 / 51
67. 吵架 / 51
68. 炒 / 51
69. 闯 / 52
70. 称呼 / 59
71. 称赞 / 60
72. 成长 / 56
73. 成分 / 58
74. 成果 / 60
75. 成就 / 60
76. 成人 / 59
77. 成熟 / 52
78. 承担 / 51
79. 承认 / 53
80. 承受 / 60
81. 诚恳 / 56
82. 程度 / 52
83. 程序 / 59
84. 吃醋 / 51
85. 吃亏 / 58
86. 池塘 / 60
87. 迟早 / 58

350. 利益 / 58
351. 利用 / 55
352. 联合 / 54
353. 联合国 / 54
354. 恋爱 / 53
355. 良好 / 56
356. 亮 / 55
357. 了不起 / 51
358. 灵活 / 59
359. 零食 / 53
360. 领导 / 57
361. 领域 / 54
362. 浏览 / 53
363. 流传 / 56
364. 流泪 / 53
365. 龙 / 51
366. 陆地 / 59
367. 录取 / 57
368. 录音 / 60
369. 轮流 / 54
370. 论文 / 57
371. 落后 / 54

M

372. 马斯洛 / 54
373. 馒头 / 53
374. 满足 / 54
375. 毛病 / 57
376. 毛泽东（名）/ 55
377. 矛盾 / 51
378. 冒险 / 56

379. 贸易 / 57
380. 媒体 / 57
381. 梦想 / 57
382. 迷信 / 51
383. 秘密 / 53
384. 密切 / 52
385. 面对 / 54
386. 面积 / 59
387. 面临 / 57
388. 面试 / 57
389. 苗条 / 56
390. 描写 / 56
391. 敏感 / 51
392. 名牌 / 57
393. 名胜古迹 / 55
394. 明确 / 60
395. 明显 / 58
396. 命运 / 56
397. 陌生 / 56
398. 某 / 52
399. 目标 / 58
400. 目前 / 57

N

401. 哪怕 / 60
402. 内部 / 59
403. 内科 / 57
404. 难怪 / 58
405. 闹 / 51
406. 能干 / 59
407. 能源 / 59

408. 嗯 / 58
409. 年代 / 54
410. 年纪 / 56
411. 宁可 / 52
412. 农村 / 55
413. 农民 / 55
414. 农业 / 55

O

415. 欧洲 / 55

P

416. 拍 / 58
417. 排 / 55
418. 派 / 59
419. 培训 / 58
420. 培养 / 56
421. 片 / 55
422. 飘 / 56
423. 品质 / 56
424. 平等 / 57
425. 平静 / 60
426. 平均 / 55
427. 破坏 / 58

Q

428. 期待 / 52
429. 欺骗 / 53
430. 企业 / 57
431. 谦虚 / 59
432. 签 / 59
433. 前途 / 57
434. 枪 / 59

696. 至于 / 52
697. 志愿者 / 57
698. 制定 / 55
699. 制度 / 52
700. 制造 / 55
701. 制作 / 58
702. 治疗 / 57
703. 中介 / 56
704. 中心 / 59
705. 种类 / 56
706. 重大 / 59
707. 重复 / 58
708. 猪 / 51
709. 逐步 / 55
710. 逐渐 / 53
711. 主持 / 51
712. 主持人 / 51
713. 主动 / 56
714. 主观 / 60
715. 主人 / 58

716. 主题 / 58
717. 主席 / 55
718. 属于 / 58
719. 煮 / 53
720. 注册 / 56
721. 祝福 / 51
722. 专家 / 52
723. 转变 / 54
724. 状况 / 55
725. 追 / 55
726. 追求 / 51
727. 资格 / 58
728. 资金 / 60
729. 资料 / 58
730. 资源 / 55
731. 自从 / 51
732. 自动 / 55
733. 自豪 / 57
734. 自觉 / 58
735. 自私 / 52

736. 自我 / 54
737. 自由 / 51
738. 总裁 / 57
739. 总理 / 54
740. 总算 / 60
741. 总统 / 54
742. 总之 / 58
743. 组 / 57
744. 组成 / 55
745. 组合 / 56
746. 组织 / 54
747. 最初 / 57
748. 最终 / 58
749. 尊敬 / 52
750. 遵守 / 58
751. 作品 / 56
752. 作为 / 56
753. 作文 / 60

责任编辑：史文华
英文编辑：吴爱俊　范逊敏
设　　计：Daniel Gutierrez
插　　图：臧艺迪
校　　对：闫文美　张　盼

图书在版编目（CIP）数据

HSK 规范教程 . 五级 . 上 / 王瑷编著 . — 北京：华语教学出版社，2015
ISBN 978-7-5138-0804-0

Ⅰ . ① H… Ⅱ . ① 王… Ⅲ . ① 汉语 – 对外汉语教学 – 水平考试 – 教材 Ⅳ . ① H195.4

中国版本图书馆 CIP 数据核字 (2014) 第 256571 号

HSK 规范教程（五级·上）

王瑷　编著

*

© 华语教学出版社有限责任公司
华语教学出版社有限责任公司出版
（中国北京百万庄大街 24 号　邮政编码 100037）
电话：(86)10-68320585, 68997826
传真：(86)10-68997826, 68326333
网址：www.sinolingua.com.cn
电子信箱：hyjx@sinolingua.com.cn
新浪微博地址：http://weibo.com/sinolinguavip
北京京华虎彩印刷有限公司印刷
2015 年（16 开）第 1 版
2015 年第 1 版第 1 次印刷
ISBN 978-7-5138-0804-0
定价：49.00 元